U0448086

图解服务的细节
116

リッツ・カールトン一瞬で心が通う「言葉がけ」の習慣

会聊天就是生产力
丽思卡尔顿的"说话课"

[日]高野登 著
马霞 译

人民东方出版传媒
People's Oriental Publishing & Media
东方出版社
The Oriental Press

Preface 序言

你好!

谢谢你能拿起这本书。通过这本书能和大家相识,我非常高兴。

平成二十三年①3月11日,日本东北部太平洋海域发生了强烈地震,东日本大地震。自那天起,人们的价值观发生了巨大的改变。过去一直在孜孜不倦追求的"效率",现在却变成了引起负面影响的主要因素,这一现实,豁然摆在了我们眼前。

那么现在,什么才能引导我们向积极的方向前进呢?

是在重视效率性和经济性的过程中一度被忽略、被遗忘的"人心"这一最重要、本质的东西;是无法用效率来衡量的——体谅、慈爱、关爱等珍惜对方的感性,以及诞生于其中的人与人之间的纽带。大家都逐渐意识到了这一

---

① 2011年。

点，并开始认真地审视它所具有的巨大的无形价值。

也许话题转换得有点突然，据说最近，电台的新闻节目人气高涨。曾经一度被电视和其他媒体排挤的广播，听众数量在逐渐增加。尤其在东日本大地震之后，收音机的便携性，以及新闻、信息的即时性和准确性，让人们对广播节目进行了重新定位。

在这里，我们可以设想一下：如果一台收音机的天线坏了，收不到任何电台频道，将会如何？或者是接收电波的刻度板生锈了，不能顺畅地工作，又将会如何？自然是无论广播电台发送了多少信息，收音机都接收不到。也就是说，我们会发现，天线和接收设备不工作的收音机与一块普通金属别无二致。

那么，让我们把自己和一起工作的同事都比作收音机的话，越是积累了各种经验、掌握了丰富知识和技能的优秀"收音机"，越能用自己感性的天线去接收客人发出的各种信息，然后采取合适的行动。换句话说，"人心"就是我们的天线，也是我们的接收器。"感受性"这个词就很好地表现了这一点。

但是，如果像前文所述的收音机一样，作为天线和接收器的"感受性"无法正常工作的话，会怎么样呢？缺乏内心的柔软，或者"接收器"关闭的话，就可能无法理解一起工作的同事和客人的想法。因此，一定要经常打磨感性的"天线"和"雷达"，让它们闪闪发亮，也就是说，一定要好好锻炼所谓的"感性肌肉"，即训练自己的"敏感性"。

通过阅读本书，你会发现在各种各样的工作场合中，只要稍微用心，就能构筑温暖的人际关系。为此，书中也给出了一些方法，帮助读者学会使用"一句用心良言"；还探讨了一个问题，当一个人试着站在别人的立场上，去遥望日常生活时，那些习以为常的景色也会变得别具一格。这时，所采取的行动也会有所不同，从而呈现出不同的人格。由于本书内容是基于我的个人经验，所以关于酒店的话题比较多，但也可以成为其他工作场所的参考。

我觉得世界正在开始向以"心灵和感性"为中心的生活和思维方式转变。身处其中，我想起几年前的一件事情。

那时，我正在东京东奔西走，忙于筹备东京丽思卡尔顿的开业事宜。

有一天，当地铁到了六本木车站时，上来一位身材苗条、长发飘飘的女乘客。因为工作关系，我接触过很多人，所以从她站立行走的姿势和化妆的特点，一眼就看出来她应该是个模特。在拥挤的车厢里，她正好和我并排抓着吊环站在爱心专座前面。

地铁开出后不久，她弯下腰，在前面座位上的年长女性耳边低语。我想可能是她遇到了认识的人吧，但实际情况截然不同。

那位年长女性脸上露出了紧张的神情，一只手按着膝盖上的包，另一只手搭在上衣前面。这时，我才注意到，年长女性的上衣扣子开了几个，露出了里面的内衣。刚才模特女士大概是悄悄地告诉了她，于是，她拼命地想扣好扣子，但好像手有点不方便，怎么也扣不上。不知为什么，我也开始跟着紧张起来。

这时，模特女士再次蹲下身子，一边微笑着一边小声说："请让我来帮你吧。"然后，她娴熟地扣好了纽扣。

对这个太让人出乎意料的举动，年长女性也惊呆了。但她的脸上又立刻露出了笑容，这样善良亲切的举动可能真的很让她高兴吧。

"佩服！"我不禁在心中为她鼓掌，不愧是习惯了快速换装的模特啊。话虽如此，要怎么才能像她一样做得这么自然呢？又过了一站，模特女士点头道别，轻盈地下车了。年长的女性对着她的背影，一遍又一遍地低头行礼致谢。而我，也在心里大声呼喊："你想不想为丽思卡尔顿工作啊？"（笑）

拥挤不堪的东京地铁车厢里毫无生气，无机物一样的人们在通勤的时间段，仿佛就是一个无缘社会①或孤绝②社会的缩影。然而我确确实实地感觉到就在当时、就在那个角落，被一团温暖的空气包裹着。

我想，无论是谁，都想为社会做贡献、为别人做点什么。那么，当意识到"站在别人角度、考虑一下别人的感受再行动"的感性的天线和雷达的敏感度变弱了的时候，停下来重新打磨一下如何呢？

为此，工作中有很多技巧。大多数被称为专业人士的人，都是不断打磨自己"天线"和"雷达"的人。通过养成习惯并加以磨炼，我想你的工作也会突飞猛进，获得质的飞跃。

---

① 指人们普遍失去三种缘分：社缘（社会交往）、血缘（亲戚交往）、地缘（故乡交往）的社会。
② 孤绝是人的一种心理感觉，并非真实情况。有的人表现得很明显，经常在有很多人的陪伴下也会感到孤独和绝望；有的人表现得不明显，可能给人的感觉还很开朗活泼。

亚伯拉罕·林肯也说过：

"如果给我 6 个小时来砍树，我会把最初的 4 个小时用在磨斧子上。"

如果本书能对大家打磨感性有所启发，我将不胜欣慰。

2011 年 8 月

高野登

Contents | 目录

第1章
工作中，作为专业人士的"基本功"从问候开始
~用唯一可以"问候"的机会，送去最好的感受~

❀ "早上好！"
　　——相遇时的寒暄，是展示最好自己的唯一机会 ………… 003
❀ "欢迎光临，今天天气真冷啊！"
　　——用"问候语+一句话"建立纽带联系 ……………… 008
❀ "欢迎回来！"
　　——如何热情地迎接常客 …………………………………… 011

第2章
拉近心灵距离的话语
~贴近对方内心的一句话，加深了纽带联系~

❀ "我最近换了咖啡豆，您注意到了吗？"
　　——用坦诚的对话编织与顾客的故事 …………………… 017

I

🍀 "如果不介意，可以说说发生了什么事吗？"
　　——通过聊天缩短彼此的距离，一起创造一段佳话 …… 021

🍀 "真是把漂亮的菜刀啊。"
　　——称赞理所当然的事情只会适得其反，要发现对方
　　　"所重视之处"并加以赞扬……………………………… 027

🍀 "哇！是酱菜吗？我的最爱！"
　　——进一步接近对方内心的技巧 ………………… 032

🍀 "可以的话，让我来帮帮您吧？"
　　——犹豫该不该搭话的时候 …………………… 036

🍀 "您今天想吃意大利菜吗？"
　　——"推荐什么"要在对话中决定 ……………… 040

🍀 "实际上，只有被选中的人，才能拥有这样的记事本。"
　　——准备100个与自己负责领域相关的话题 ………… 045

第3章
让人愉快的遣词用语
~当你学会关注对方内心真正需求的时候，你就会变魔术了！~

🍀 （微笑着）"葡萄酒的酒水单，看起来容易让人犹豫不决吧。"
　　——如何让初次见面的顾客安心 ……………… 053

🍀 "不太合您的口味吗？"
　　——能否从不满中创造出新的价值，是"操作员"和"职业
　　　人士"之间的差异 ……………………………… 059

目 录

- ❧ "真的很感谢你们为我们举办了这么好的仪式!"
  ——如何通过团队合作加深纽带联系 ················ 064
- ❧ "非常精心的设计,敬请期待!"
  ——用提高期待感的一句话,让对方心潮澎湃、翘首
  盼望 ·· 068
- ❧ "请让我用酒店的车带您游览一下岛内吧!"
  ——能在消极的状况下创造出积极的结果,才是工作
  该有的乐趣 ··· 072
- ❧ "今天我不推荐!" 赢得顾客的信任
  ——特意向常客传达真实的感觉 ······················ 078
- ❧ "去纽约出差您辛苦了,感谢您之前的光临!"
  ——感谢信并不是只要寄出去就可以了 ·············· 081

第 4 章
打动人心的话语
~超越常识的悦客服务,诞生于不受制约的思考中~

- ❧ "像往常一样,我们正在等待您点白兰地。"
  ——即使没有面对面,也能传达出悦客之心 ········· 087
- ❧ "要不要从日本餐厅给您端碗荞麦面过来呢?"
  ——洞察顾客内心的需求,"高明地违反规则" ········ 092
- ❧ "最符合您需求的房间在另一家酒店。"
  ——超越限制,把顾客真正的需求放在首位 ········· 097

- "让我们想想办法吧!"
  ——挑战不可能的难题时,自己的引擎会变强大 ……… 101
- "您要在里面等吗?"
  ——工作时,说不出有"人情味"话语的悲哀 ………… 106
- 最后加一句:"我是不是多此一举了?"
  ——款待每个顾客的方法都不一样 …………………… 110

第5章
难以启齿的话怎么说
~为了让对方心情愉快地配合行动~

- "现在对烟民来说,真是一个很不友好的时代啊!"
  ——能让对方愉快地遵守规则的说话方式 …………… 117
- "有一个来自海外的重要电话!"
  ——巧妙地利用团队力量结束顾客的话题 …………… 121
- "连高桥先生也会犯这样的错误啊!"
  ——只有将失误转化为契机,才能诞生意味深长的
  故事 ………………………………………………… 125
- "这么说来,最近海外出差变少了吗?"
  ——用轻松话题,缓解紧张空气的专业技巧 ………… 128
- "今天有三组顾客在过生日,时间好像延长了……"
  ——尴尬的状况也要用"善意的谎言"或"转换话题",
  让回忆留在心中 …………………………………… 132

❦ "如果18点，或更晚一点的20点开始的话，我们将很荣幸接受您的预约。"
　　——无伤大雅的拒绝技巧 ………………………… 136

第6章
建立信赖关系的话语
~信赖产生于点滴小事的不断积累中~

❦ "能占用您2分钟吗？"
　　——为对方着想的只言片语，还能提升自己的形象 …… 141
❦ "……祝您度过一段愉快的时间！"
　　——有意识地让自己隐身也是一种款待 …………… 146
❦ "○○先生，欢迎您的光临！"
　　——解读对方1秒视线的含义 ……………………… 150
❦ "请给我一杯茶！"
　　——仅仅几个字，就能体现出那个人的感性 ……… 153
❦ "司机师傅，一直以来非常感谢！"
　　——向一起工作的同伴们表示过敬意吗？ ………… 158
❦ "那个顾客我来接待，没问题。"
　　——逃避令人讨厌事情的瞬间，也失去了同伴的信任 … 162
❦ "有不胜酒力的顾客吗？"
　　——为了规避风险而收集信息 ……………………… 167
❦ "感谢您的指正！"
　　——对顾客的意见，按照"20分钟原则"进行对应 …… 170

第7章
享受工作的一句话
~专业人士重视的工作立场~

- ❖ "谢谢您!"
  ——丽思卡尔顿最珍视的一句话 ·················· 179
- ❖ "对方也是我们重要的顾客,可以介绍给您认识吗?"
  ——联结常客的高级技巧 ·················· 183
- ❖ "欢迎光临,○○先生!"
  ——记不住的姓名用团队合作来填补 ·················· 187
- ❖ "请大家一起来做规格说明书"
  ——最大限度地发挥合作伙伴的力量 ·················· 193
- ❖ "在您到达之前,我会把香槟放到房间里。"
  ——你的应对让顾客成了"常客" ·················· 199
- ❖ "我们试着改变一下桌布以让菜肴摆放起来更美观,怎么样呢?"
  ——不仅仅要"提供美食",还要考虑如何漂亮地"提供美食" ·················· 203

第1章

工作中,

作为专业人士的"基本功"

从问候开始

~用唯一可以"问候"的机会,送去最好的感受~

"早上好!"

——相遇时的寒暄,是展示最好自己的唯一机会

♛ 了解"问候"的真正含义

大家是如何问候顾客的呢?

是不是口头上在说"欢迎光临",视线却落在其他方向,或者更有甚者,店里的自动门打开时,会传来自动播放的录音"欢迎光临"。

"问候"本来就包含了"用全身心接近对方"的含义,并且要带着对顾客的"真情实意"接近顾客,这是问候的本质。并不是口头上说一句"早上好"就能传达感情,身体的朝向、视线和姿势……如果不能全方位地表现欢迎的姿态,就无法传达这种感情。

打招呼时,铭记这一点,你一定会发现,顾客的表情也会因此变得柔和。

与顾客初次见面的机会只有一次。也就是说,如果错过了这一瞬间的问候,就不会再有第二次了。不能说因为没有发出声音,或者没有看见顾客,过后再去重新问候。

作为专业人士,打招呼问候是工作之根本。

♛ 问候,也关系到你的人格

有趣的是,把问候做到极致的人,问候的方式和那个人的人格也是一致的。有一位以严格指导著称的讲师,可以仅以一个问候致辞,就让现场所有人的目光马上聚焦到讲坛上。还有一位销售员女士,曾经以其温和的态度留下了首屈一指的销售业绩。她能创造一种特殊的氛围,一个简单的问候,就让对方不由自主地露出微笑。相对来说,也有些人问候时,即便有点笨拙,但也能让人感觉到他们的努力,从而给顾客留下深刻印象。

如此看来,并不是所有人在问候时,都要使用同样的姿势、同样的语调。

♛ 问候，是通往"理想自我"的捷径

现在，让我们从另一个角度思考一下吧。

你有没有想过，你希望顾客或周围的人怎么看待你？另外，你觉得现在别人又是怎么看待你的？

即使谦虚地估计，大多数人可能都觉得自己应该被认为是认真、开朗、积极进取、善良、稳重、干净、有礼貌的人。

那么，我们可以尝试一下，大胆地去问问身边的熟人和朋友们。

"你觉得我的说话方式和态度怎么样？如果你能毫无顾忌地告诉我真话，我会很高兴。"

于是，你会听到很多看法。除了"印象中你很诚实啊""我很喜欢你的正直""总是彬彬有礼的，都挺好的呀"，也会有很多诸如"嗯，也许有点太认真了""听别人讲话时有点心不在焉啊""感觉和别人说话时，看着对方的眼睛比较好吧""你没怎么擦过鞋子吧"这样坦诚直率的意见。

通过询问别人，也许会发现原来在某些方面，别人对

自己的看法和自我的认知大相径庭。但是，那才是你真正的社会形象。也许，当时你会因为发现自己没有注意到的负面因素而感到失望。但是，最重要的是意识到"你"和"你希望被认为的自己"之间是存在差距的。因为这种认识是一切的起点。

　　一旦意识到了这一点，就可以进入下一步，也就是考虑自己的"形象设计"。"我希望别人认为我的人格是这样的""我想让别人觉得我是这样的性格""如果能给别人留下这样的印象，我会很开心"等等，根据这些想法来设计自己的理想形象。

　　而如果说想要接近这种理想状态有一条捷径的话，那就是持之以恒的问候。

　　你可以尝试随时随地和任何人打招呼问候。

　　"早上好""我走了啊""我吃好了""你好""谢谢""你辛苦了""再见""晚安"等等，并试着把"理想中的自我"注入到平日周而复始的每一句问候中。

　　如果你想有一副笑脸，那就一直微笑着打招呼；如果你想保持潇洒英俊的形象，就干脆利落地打招呼。一旦养成了习惯，它就会在不知不觉中塑造你的人格。

打招呼问候是成为"理想中的自己"最简单的方法，所以鼓起勇气踏出第一步，试着开始主动打招呼吧，可以是明快的问候、精神饱满的问候、充满自信的问候、温和的问候……还可以试着设计一种有自己特色的问候方式。不管是身处领导岗位的人还是经验阅历丰富的人，是不是都应该重新审视一下自己的问候方式呢？

见面问候的机会只有一次，如果展现不出"理想的自己""最好的自己"，那将毫无意义。所以，在打招呼问候的时候，能够始终展现出"最好的自己"是作为专业人士的第一步。

> ★小贴士（point）
> 问候是在自我展现，先让整个身体面向对方，再去传达你的心意！

"欢迎光临，今天天气真冷啊！"

——用"问候语+一句话"建立纽带联系

♛ 拒人于千里之外的问候和敞开心扉的问候

我们经常使用"欢迎光临"，但如果只是这样说，很可能成为拒绝对话的开场白。

稍微思考一下就会发现。

对于"您好"，顾客可以回答"你好"。

但是对于"欢迎光临"，顾客即使听到了，也无话可回。

从这个意义上可以说，"欢迎光临"成了酒店和商店拒绝与顾客沟通的问候。

♛ 在问候语中添加一句话，建立与对方之间的联系

那么，怎样的问候才能与顾客产生交流呢？关键是要

再补充一句话。

"您好，今天好冷啊。"

"欢迎光临，○○先生，今天您是和朋友一起来的吗？"

"欢迎光临，哎呀，发型变了啊。"

"您辛苦了，天气变冷了，注意身体啊。"

试着添加一句当时浮现在脑海里的话，仅仅因为加上了这句话，就会让问候充满感情。有了这句花费了心思的寒暄，就能和顾客进行下一步的交流。

带着关心的目光去关注顾客，这对于打招呼问候来说也是非常重要的。

例如，看到一位女顾客戴着一顶非常漂亮的帽子。顾客一定是在众多商品中选择了那顶帽子，然后今天戴上了它。这样一想，专业的工作人员就会意识到，既要注意到顾客的漂亮帽子，还要有能对顾客奉上一句赞扬话语的感性，二者缺一不可。

听到"这顶帽子真漂亮""非常适合您"这样的称赞，没有人会感到不愉快。顾客会觉得"他注意到我的帽子了!",然后一定会用缓和的表情,回答一声"谢谢"。

> ★小贴士(point)
> 试一试在问候语后面加上一句发自内心的真诚话语。问候语再加上一句寒暄语,就能拉近与对方的距离。

第1章 | 工作中，作为专业人士的"基本功"从问候开始

"欢迎回来！"

——如何热情地迎接常客

♛ 用员工手册里没有的话语搭话

在丽思卡尔顿，常客到达酒店时，迎接他们的是"欢迎您，我们一直在等着您回来"！常客离开时又会听到"路上小心，我们等您回来"。

这是丽思卡尔顿在愉快地迎来送往过程中，自然而然诞生的问候语。

对于普通常客来说，长期下榻在酒店，酒店就像自己的另一个家，是可以长期住宿的地方。既然是"另一个家"，就应让顾客们像住在家里一样放松。于是，就应运而生了包含着这种感情的"欢迎回来""路上小心"等问候语。

我们在接待顾客的过程中，虽然很重视员工手册，但手册里记载的只是最基本的内容。根据顾客的情况和当时

的氛围，应对会有所不同。如果把应该说的话都公式化，沟通就会变得很死板。

顾客住酒店是想度过一段美好的时间，患者去医院则是为了改善他们的健康状况。不同行业有不同的目的，问候方式也应该有所不同。

最好的问候方式绝对不止一种。首先，我们来思考一下，除了自己别人无法做到的问候方式有哪些。

♛ 包含"您迷路了吗？"含蓄意味的问候语

在丽思卡尔顿，如果发现顾客在犹豫或感到困惑，我们就会用"有什么我可以帮您的吗？"跟他打招呼。

大阪丽思卡尔顿，将酒店内设计成了"另一个家"。在家里迎接重要的朋友或顾客的时候，都是自己用手开门，带着微笑邀请他们进来的。因此和普通的家庭一样，没有设计自动门。家里基本上也没有电梯和自动扶梯，所以设计时，刻意把电梯和扶梯都放在了不容易看见的地方。因此，即使是常客，有时也会迷路。

所以，在大阪丽思卡尔顿迷路的顾客很多。以此为前提，我们一般用"您是在找什么吗？"或者"如果可以的话，能让我帮您吗？"和顾客打招呼。我们还在和顾客打招呼的方式上，下了一些功夫。比如，看见缓缓停下脚步思考的顾客时，就会试探着问："您是在找什么吗？如果不介意的话，能让我帮您吗？"这两句话中还隐含了："您是迷路了吗？没事吧？"这样含蓄的意味。

这对于帮助我们开始和顾客交流方面也是非常有效的。

试着结合自己所处的职场与所面对的顾客，思考一下自己打招呼时的问候语吧。拉近自己与对方心灵距离的，可能仅仅就是一句问候。

> ┃★小贴士（point）┃
> 根据不同的工作场景和对象，思考最适合的方法，就能完成超越员工手册内容的任务。掌握了基本技巧之后，接下来就试着在你的个性语言表达上下功夫吧。

第 2 章

拉近心灵距离的话语

~贴近对方内心的一句话，加深了纽带联系~

"我最近换了咖啡豆，您注意到了吗？"

——用坦诚的对话编织与顾客的故事

♛ 不要逞强，用坦率的话语打招呼

早餐时酒店供应的咖啡、茶，可以成为和顾客产生对话的媒介，创造增进交流的绝佳话题。

很多酒店都会特意准备早上的咖啡和红茶。早上的这一杯茶或咖啡，往往是当天的第一杯，所以顾客对它的味道特别敏感。

在顾客享受早餐的餐桌旁，问候一句"今天早上的咖啡怎么样？"时，一般都会得到顾客"很好喝"这样爽快的回答。另外，为了让顾客浑身暖和一些，同时给胃一点刺激，早上酒店会特意提供热气腾腾的咖啡，这也能成为话题的开端。"怎么样？是不是太烫了？""不烫，早上我喜欢热一点的。"这样谈话就可以继续。

如果提供的是高质量的产品，只需要询问顾客的感想，谈话就能顺利进行下去。反过来说，也正是因为有提供好的东西的自信，谈话才能自然而然地活跃起来。

利用提供的商品或服务，很容易抓住谈话的契机。例如，在咖啡店里服务员端上日本茶的时候，可能会产生这样的对话：

"早上的日本茶真好喝，觉得身为日本人真好。"

"是的，你也喜欢日本茶吗？"

"我有一个种茶的亲戚，他沏的新茶，无论是颜色还是味道都是极好的，所以我也在向他学习，努力泡出好喝的茶。"

如果是喜欢咖啡的常客，"最近，我们换了咖啡豆的货源地。"

"原来如此，味道确实变了，我很喜欢。"有的顾客会这么说。也有的顾客会说"是吗，我完全没注意到。"谈话开始后，你可以考虑是继续扩展这个话题，还是转换其他话题。

这里的关键是要保持自然的状态,"很高兴您喜欢,谢谢您"。

勉强追求深奥的话题,很多时候谈话会无法顺利进行,最后会徒劳无益,坦率地表达自己的真实感受就足够了。

♛ 捕获话题的素材,并延伸创作成故事

放下思想负担,你会发现话题无处不在。

不用想得太复杂,试着静静地观察眼前的对方,也不需要认为你必须主动搭话。

但是,如果你是想为顾客提供更好的服务而增加自己的知识和经验,那就一定要尝试一下。

如果从顾客那里听到这样的话,"红茶很好喝,很期待下次再来品尝",你就可以尝试,"去看看其他经营红茶的公司",或者"去业内有名的红茶店,实际品一品,体验一下他们泡红茶的方法"。像这样制定一些目标并付诸行动。没必要一定要成为专家,只要在自己力所能及的范围内有

所努力就可以了。

这样一来,下次再见到顾客的时候,就能聊一些关于"红茶的话题"了。

如果顾客觉得"每次都有店员跟我聊一些红茶的话题,所以才会想去这家店",那岂不是很棒吗?"店员下次又会和我聊些什么呢",说不定会有人期待着和你见面。

无论是为了顾客,还是为了自己,都要不断积累与自己工作相关的知识。

> ★小贴士(point)
> 不遗余力地获取新的知识,就能不断扩大你的谈话范围。

"如果不介意，可以说说发生了什么事吗？"

——通过聊天缩短彼此的距离，一起创造一段佳话

♛ 负责预订的服务员，其工作不只是预订

在丽思卡尔顿的常客中，有的人要去海外旅行，也会给东京丽思卡尔顿的预约中心打电话。那是因为他们之间已经建立起了"有问题时，只要向预约中心的〇〇咨询，就能得到解决"的信赖关系。一个只是负责预订的服务员，居然也会有粉丝，是不是很了不起？

酒店负责预订的服务员几乎没有机会和顾客见面，胜败都在电话的应对上。尽管如此，她还是赢得了顾客的信赖，建立起了如此牢固的人际关系。

预订员的本职工作不仅仅是负责预订。他们真正的工作是要对酒店的整体情况了如指掌，在此基础上，为了能

为顾客提供最佳的客户体验，不断思考可以提供哪些建议和提案。

顾客把预约电话打到酒店时，正是他开始书写属于自己的"丽思卡尔顿佳话"序章的时候。因此，我们不能只是单纯地接受顾客的需求，而是要理解顾客，并从预约阶段开始，就和顾客一起编织出对顾客来说最美好的回忆故事，这才是预订员的本职工作。

例如，在丈夫生日那天，妻子既预订了酒店，还预约了餐厅。如果在对话中听到"其实，这次还有一个特别的想法……"这样的话语，那可不能错过了。

"如果不介意，可以说说是怎么回事吗？"然后不动声色地继续谈话。

"我丈夫住了一段时间医院，终于可以出院了。所以我想过生日时，也一起庆祝他康复出院。"

"是吗？您一定担心坏了吧？恭喜您的先生康复出院。您先生喜欢什么样的料理呢？有什么医生说不能吃的东西吗？"

现在，对方处于什么样的状况，需要注意什么呢？这样的谈话中，有很多如何迎接顾客的提示。要将这些信息传达给餐厅的厨师长和经理，甚至是玄关的门童和前台的工作人员，成为共享信息。

在接受预订这一角色中，也有明确的目标，即寻找自己能提供的服务。

♛ 提出与当初计划不同方案的预订员

虽然是极为罕见的情况，但在听取顾客意见的过程中，有时也会提出与最初计划完全不同的方案。

例如，这是一位顾客给巴厘岛的丽思卡尔顿打预约电话的事例。

在很多酒店的预约中心，通常的流程是询问入住日期和房间类型，然后完成预订。

但是，为了能够让顾客更加充分地享受巴厘岛的度假生活，从而进一步去了解顾客情况的才是专业人士所为。

所以，我们会不动声色地去询问顾客，在巴厘岛的逗留期间最期待的是什么。

这次是一对夫妇的预约，丈夫打来的电话，我们试着这样建议：

"巴厘岛的美容和饮食很有名，您夫人一定也很期待按摩美容吧？如果需要的话，请您告诉我，我可以帮您事先预约。"

对此，顾客回答说："不用了，这次的四天时间里，我们想尽情地打高尔夫。高尔夫是我和爱人唯一的爱好。"

"原来如此，是想尽情打高尔夫啊，真不错。确实能感受到您对高尔夫的热爱，我也很喜欢打高尔夫球。那么，我想请问一下，您为什么会想到了巴厘岛呢？"然后，听到顾客回答说，朋友称赞巴厘岛丽思卡尔顿很不错，又听说附近有高尔夫球场等等。而且，还有一点，那就是这次是瞒着妻子，想悄悄预订巴厘岛丽思卡尔顿，让她大吃一惊的想法。

♛ 把精力用在了解对方真正的目的上

实际上在这里，预订员考虑的是，顾客的真正目的是什么。

巴厘岛的高尔夫球场数量有限，总是比较拥挤。如果不是特别"想去巴厘岛"，而仅仅是想打自己最喜欢的高尔夫球的话，也可以有不同的方案。尤其是特意想让妻子大吃一惊的旅行，如果连高尔夫球都打得不太尽兴，就不能如愿以偿地享受假期，丈夫的愿望无法实现，计划也就毁于一旦。

于是，预订员提出了这样的建议：

"听了您的话，我想起了夏威夷毛伊岛丽思卡尔顿，不知道您以前是否光临过？卡帕鲁亚有三个高尔夫球场，在职业高尔夫选手中的评价非常高，像丸山、青木等日本的职业选手都会光顾。对喜欢打高尔夫球的人来说是堪称天堂般的地方，想必您的夫人也一定会满意。而且海鲜丰富，打完高尔夫球后也有很多乐趣。"

预订员不是仅仅提议"改变一下目的地吧"这么简单。在这样的谈话过程中,"哦,是吗,这么说来确实值得想一想啊。我都不知道毛伊岛有丽思卡尔顿。对了,那边预订房间方便吗"?就这样,故事一点点地在顾客心中开始。预订员只需要帮助这个故事顺利发展就行了。

很多酒店认为与顾客之间的这种交流是浪费时间,是没有产出的、生产效率低下的时间。听说有的酒店还有被称为"电话指导中心"的地方,进行一个电话不超过 4 分钟等的指导。他们认为与顾客交谈的时间就是成本,丽思卡尔顿却将这部分时间定位为投资,这是加强与顾客之间纽带联系的重要时间,所以在此投入精力是非常重要的。

> **★小贴士(point)**
> 用心揣度顾客的真正目的和期待,试着提出自己能做到的最佳方案。在别人不会花时间思考的地方下功夫,让顾客感到喜悦,当对方的笑脸浮现在眼前时,你就能感到工作带来的乐趣了。

"真是把漂亮的菜刀啊。"

——称赞理所当然的事情只会适得其反，要发现对方"所重视之处"并加以赞扬

♛ 确定对方所重视的核心再称赞

在正好的时机，在自己最希望得到认可的地方得到赞扬，是一件极其令人高兴的事情。这是因为，你感受到了对方对自己真切的关注。

当自己重视的价值观和对方的评价一致时，彼此就会有心灵的共鸣，从而产生亲密和信赖的情感。

因此，找到对方所重视的核心点，就像打保龄球一样，找到一号瓶，是成为"称赞高手"的第一步。

与此相反，如果看不清"对方所重视的核心点是什么"，即使赞美了，也达不到预想的效果，或许还会适得其反。当然，并不是任何事情都需要赞美表扬。要想很好地

"赞美"对方，就需要具备能够看准对方所重视的核心点的能力，所以必须刻意培养自己这方面的感性。

那么，称赞的时候需要注意什么呢？

例如，日式餐厅的开放式柜台，厨师们正在用精湛的手艺制作料理。在这里，即使惊呼"你的刀功真熟练！"也只会得到对方冷淡的回答："哦，谢谢。"

在熟练的厨师看来，"这种事是理所当然的，我是认真修行学艺出师的，这点功夫小菜一碟"，可能这才是他们的真心话。这就是典型的有损厨师匠人自尊的、适得其反的称赞。

那么该怎么办呢？

"真是一把漂亮的菜刀啊！娴熟的刀工也很厉害，都能感觉到刀刃的锋利。想必是名人的作品吧。"把注意力转向工具是一种方法。

手艺好的匠人，都十分珍惜自己的工具。会仔细挑选工具，每天精心保养。作为专业人士，如果你对他非常重视的工具赞不绝口，他就会忍不住想和你聊一聊这个工具。

"你用了多久？"

"用这把刀制作的料理招待了很多的顾客啊！"

像这样一来二去，对方也能愉快地继续聊下去。

我在这里举了个厨师的例子，其实对所有人来说道理都是一样的。

如果是滑雪的常客，就试着看看他的滑雪板和太阳镜。如果顾客经常点同一种酒，就问问他为什么这么钟情于这款酒。如果他的手机挂件和钥匙圈等都是同一个卡通角色，就试着谈谈关于这个角色的故事。另外，你们对话中经常出现的关键词，或许也体现了他所讲究和重视的部分。

所以，要记住重要的是首先找出"对方所重视和讲究的核心点是什么"。

♛ "谈话时，对方说80，自己说20"

不仅仅是赞扬的时候，聊天的诀窍也是不要总想着"必须继续聊下去"。心里一直揣着"必须继续聊下去"的念头时，内心就会产生多余的压力。

首先试着把目光投向对方似乎"很重视讲究的地方"。接下来，如果自己有什么想问的，就直接说出来。也就是对对方表现出兴趣和关注，仅此而已。就对方可能会在意的部分坦率地发表感想、提出问题，赞扬也好，聊天也罢，都围绕这个主题展开，我们需要去做的仅此而已。

接受服务的一方和提供服务一方之间的对话比例，我认为80%比20%比较适合。

但要注意的是，单方面地自说自话，不能称之为服务。顾客和自己说话的时间比例大致是80%比20%，当然这里顾客占80%，服务方占20%。

也就是说，大部分时间都是顾客在说话，服务方只需要保持认真倾听对方讲话的姿态。尽管如此，不可思议的是，虽然我们只是在倾听，结果却经常会有顾客这样说：

"你真的很会聊天啊！"

所以，虽然我们只是在倾听，但最后，却得到了"真是愉快的谈话"的好评。

> ★小贴士（point）
>
> 聊天的时间比例是对方80%，自己20%左右。找到对方的"所重视讲究的核心点"再提问，就能让交谈变得很愉快。

"哇！是酱菜吗？我的最爱！"

——进一步接近对方内心的技巧

♛ 唤起上次见面时的记忆

有很多技巧可以拉近与顾客之间的心灵距离。

重要的是，在职场舞台上，切记要让自己的记忆回路一直处于开启状态。也就是说，在与顾客见面的瞬间，就要有准备，能将与以前的对话、或注意到的事情有关的一句话，快速从记忆中提取出来。

如果上次下榻时候，顾客说过："又要去国外了，下次来大概要到三个月以后了吧。"那么再见面时，就可以这么迎接："欢迎您回来，您是从国外回来了吗？欧洲怎么样啊？"

季节性的问候也是一样，是拉近与顾客心灵距离的重要方法。

早上，看到下了电梯的顾客，不要仅说一声"早上好"，而是要根据天气的变化，再附带一句"今天天气变冷了""今天暖和多了啊""天气回暖了啊""听说沙尘暴很厉害哦，您随身带口罩了吗""听说今天紫外线会很强烈，避免太阳直射比较好啊"等等。能像这样打招呼的话，效果就更好了。

只要加上这样一句话，就能切实感受到与顾客之间的距离变近了。

♛ 不拘泥于员工手册，重要的是要传情达意

按照员工手册和新人研修中教导的礼仪措辞开展服务，这一点当然很重要，但仅靠这些并不能拉近与顾客之间的距离。

例如，顾客对你说："我老家的咸菜很有名，如果你不嫌弃，下次来的时候我带一点给你尝一尝。"

这时候，当你用老套的语言回答："非常感谢，不好意

思了。"就会给对方一种非常冷淡的感觉，也会让对方很失望。

像这样，当顾客自身提出建议时，

"哇！是酱菜吗？我的最爱！不对，应该说是情有独钟。"像这样，直接表达自己的感受会让顾客感觉心情舒畅。

重要的是，要珍惜对方的心意和情谊。顾客出于"我想让这个人高兴"的目的在和你打招呼，这时候如果用"不好意思，非常感谢"这样老套的语言回应，对方会感到很失望。

重视自己每天使用的言语，并有意识地在自己心中积累大量温暖的表达方式。

如果你意识到了这一点，那么即使是在表达同一件事，也会用各种各样的表达方式。可以用严肃认真的语言，也可以用友好温暖的语言，还可以用让孩子备感亲切的语言。然后，可以努力利用尽可能多的机会和场合多加练习，由此，话题的范围就会越来越广。

> ★小贴士（point）
>
> 开启记忆的回路，回忆上次见面时的情节。在天气的寒暄语后面多加一句话。一句季节的寒暄加上一句问候语，这一点小小的努力就能拓宽聊天的话题。

"可以的话，让我来帮帮您吧？"

——犹豫该不该搭话的时候

如果遇上明显遇到困难的人，可以毫不犹豫地跟他打招呼，但有时会因为无法判断对方是不是真的有困难而犹豫不决。举个例子，大家可能有过这样的经历，自己在电车里出于好心让座的时候，却被人气愤地责怪"不要把我当老人"。

酒店的现场也发生过类似的事情。想要打招呼去帮忙，却又怕被认为是"多管闲事"……这样一想，就会犹豫要不要开口了。在"多管闲事"和"款待"之间，有一条明确的分界线，那就是"对方是否愿意接受"。

在公益广告中，有这样一句话，令人印象深刻：虽然看不到你的"内心"，但能看得见你的"关心"；虽然看不到你的"想法"，但能看到你的"体贴"。

别人虽然看不到你的内心和想法，但能看到你的关心和体贴。

的确如此,这句话说得很精辟。对方是否愿意,是由对方的内心决定的。但"心"又是谁都看不到的,不管是"新手"还是"老将",如果读不懂,就只能去询问:

"可以的话,需要我来帮帮您吗?"

"您没事吧?需要帮忙吗?"

打招呼的同时观察对方的反应,如果对方回答"谢谢,那就拜托了"的时候,可以伸手去帮忙;如果对方说"不用了,没关系,谢谢",就只需要退后一步说"如果您有什么需要,请随时吩咐"。

♛ 费力不讨好的时候

在酒店里,经常会看到演讲会等主办方送礼物给讲师的情景。从主办者的角度来看,比如想让讲师品尝当地的美味蛋糕,就拎着大包小包,高高兴兴地递给讲师。

但是,如果那位讲师接下来还有别的拜访对象,这些礼物就可能会成为他的累赘。

实际上，在酒店，经常会遇到讲师带着为难的表情拜托道："不好意思，这是生鲜食品，能请你替我收下吗？后面我还有好几场演讲。"当事人肯定瞬间感觉到自己做了费力不讨好的事情。如果主办方知道讲师演讲结束后不会马上回家，表达心意的方式应该会有所不同。

我也有过同样的经历，抱着上一个讲演时收到的礼物前往下一个讲演的地方，途中在想"会不会被认为是给对方的礼物呢""是不是会让对方感觉在索要礼物啊"，这些多余的顾虑，让我的心情变得非常沉重。

以前，我在某份报纸上看到过这样一则关于一位女士的报道，印象颇为深刻。

这位女士试图把座位让给一位年迈的先生，但好像踩到了老人自尊心的雷区，被拒绝了。

于是她说：

"那我们就用猜拳来决定吧。预备，开始——石头、剪刀、布"，老人也不由自主地配合，结果获胜。

然后她说:"我输了,规则是赢的人坐在座位上。所以,您请坐吧。"

多么机智的方法啊!那位先生一定也是一边苦笑,一边很高兴地接受了让座吧。

人们都有这样的感性的话,日本的前途将会一片光明。

> ★小贴士(point)
> 行动的时候不要犹豫,但是不要忘记站在对方的角度,将心比心,努力设想、感受对方所处的状况,这样会有很大的成长空间。

"您今天想吃意大利菜吗？"

——"推荐什么"要在对话中决定

♛ 自己喜欢的店不一定是对方想去的店

在企业研修中，有时会进行这样的角色扮演。首先让参加者两人一组，然后想象自己想要介绍什么料理给对方。最后在限定的时间内，互相推荐。

限制时间过后，我会问在座的人当中有没有人从这样的问题开始提问：

"你现在很饿吗？"

"你午饭吃的是什么？"

"有什么过敏的食材吗？"

"你不喜欢的食物是什么？"

"身材这么好，你是在瘦身吗？"

几乎所有人都不举手。大家都是在了解对方之前，就去拼命推荐自己喜欢的料理和餐厅了。

其实我自己也犯过同样的错误。

那还是我作为年轻的酒店职员时的事情。有一次,我和顾客一家人很起劲地聊起了我的故乡——户隐,有名的荞麦面产地。"去了户隐,请一定品尝荞麦面啊……"我炫耀了5分钟左右荞麦面的话题,顾客的夫人终于忍不住了,抱歉地对我说:

"高野先生,对不起。我女儿对荞麦面过敏。听着荞麦面的话题有点难受……对了,可以说说有关户隐神社的事吗,奥社里的神是谁啊?"

当时我感觉后脑勺被狠狠地打了一拳一样。我为自己的考虑不周和缺乏共情而汗颜。实际上,后来说了什么,我都记不清了。

这件事让我切身明白了一个看似理所当然的道理,自己想推荐的不一定是顾客想要的。

♛ 一边观察反应，一边寻找适合顾客的进行"推荐"

酒店经常会有顾客提出"请介绍一家好吃的餐厅"的需求，这其实是个很大的难题。

从我的经验来看，肯定不能推荐对方不喜欢的料理，但是单纯推荐自己喜欢的餐厅，也未必能让对方满意，弄不好还会被认为品位差。推荐之前，顾客前一天吃了什么、平时有怎样的饮食习惯、喜欢什么样的食材、今天是喜欢法国风味还是意大利特色，这些信息都需要掌握。

了解顾客喜好的方法有很多，如果只是单纯地问顾客料理的种类，并根据不同的种类做出相应的回答，就谈不上技巧了。

"最近有一家很受欢迎的意大利餐厅，今天您喜欢意大利风味吗？"

"有位顾客是个美食家，他告诉我，这家日式料理店广受好评，您觉得怎么样呢？"

"有一家很受欢迎的当地产的鱼贝类的餐厅，您喜欢吃鱼吗？"

"平时都吃什么样的料理呢？如果长途旅行累了，也有一家在食材上很用心，餐后胃也会很舒服的日式餐厅。"

像这样一边传达其他顾客的评价和感想，一边观察对方的反应，我认为也是很有效的。

还有，从事接待工作的人，经常会听到顾客们关于"推荐"某家店以及其商品的相关话题。这时，在与顾客的对话中，就可以从中寻找那些适合该顾客的店铺及餐厅进行推荐。

这样一来，只要抓住关键，就能拉近与顾客的距离。

♛ 跟进顾客用餐完毕后的感想，为餐厅推荐画上句号

在推荐餐厅时，预算也是需要考虑的重要因素。

因为预算是很重要的因素，所以可以直接问对方："您的预算大概是？"或者一边介绍样品菜单，一边说"据说用这个螃蟹做的前菜是极品"，一边自然地把价格展示给顾客

也是不错的方法。"看起来很好吃,不过这个价格,是不是有点高了?"等等,根据顾客当时的反应也能知道预算的范围。

那么,顾客用餐完毕从餐厅回来的时候,"怎么样,还合您的口味吗",这样的询问跟进也是很重要的。如果自己见不到顾客,就作为传达事项传达给后面的工作人员。即使跟进的服务员与直接提供建议的服务员是不同的人,也能让顾客感觉到"酒店一直在关注自己"。另外,顾客可能还会给我们提供一些关于餐厅的感想等重要信息。

然后伴随着"请您好好休息吧!"的祝愿,目送顾客离去,餐厅的介绍工作也就圆满完成了。

> **★小贴士(point)**
> 磨炼从对话中找出顾客真正需求的能力。只有对方接受了,才会说"那个人很有品位"。

"实际上,只有被选中的人,才能拥有这样的记事本。"

——准备 100 个与自己负责领域相关的话题

♛ 谈话的素材是无限的

借助感性的天线和雷达,再加上有意识地打磨日常生活中使用的语言,谈话就会变得更加生动而有趣。

比如对餐厅的侍者来说,仅在餐桌上及周边就能找到各种各样的话题材料。

菜单的内容自不必说,餐桌的摆设、灯光的亮度、鲜花、特别的调味料、配菜用的时令食材……话题材料应有尽有。

最容易开始的自然是关于食材和烹饪方法的话题吧。

"味道还合您的口味吗?"

"这种时令蔬菜,味道清香,吃上了心情也会变得灿烂起来。"

"这个时期的虹鳟鱼，脂肪很饱满，味道最鲜美。"

像这样，只要是与自己专业相关的话题，总要准备100个左右。

但是，当顾客之间聊得很起劲的时候，要保持低调，全心全意地为顾客服务。另外，如果感觉到了顾客想集中精力吃饭的气氛，那就尽量不要搭话。专业服务的理想状态是，在保持存在感的同时，做到不打扰顾客。在顾客需要的时候要及时出现，反之，可以悄无声息地掩盖自己的存在，尽量不打扰顾客。只有做到了这一点，才能称得上是一流的服务人员。

但是，知易行难。所以，要经常观察、了解对方当时的状况。顾客是不是还在享受自己的世界？自己有没有出场的机会？像这样，我们需要常去设想，需要不断打磨自己的感性，而且需要每天持之以恒的努力。

♛ 需要主动提供话题的时候

在酒店的餐厅，经常能看到几乎不说话，默默吃饭的中老年夫妇。因为在一起的时间久了，即便重新置身于酒店餐厅这样的环境，好像有时也会无话可说（包括我自己也是这样，需要反省）。

这种时候，找准时机提供话题也是专业人士的职责之一。但是，保持不让人感到厌烦的距离感非常重要。

"像这样俩人一起在外面吃饭的时候多吗？"

"哪里的话，我丈夫是个工作狂，很少有这样的机会，我们已经有一年左右没一起在外面吃饭了。"

丈夫笑着说："喂，是不是有点夸张啊？"

"今天，是特地为夫人抽出时间了啊，您的夫人真是太幸福了。谢谢您在这么重要的时刻选择了我们餐厅。"

通过提起"幸福"这个词，或许能让他们再次感受到两人携手走过的漫长岁月。

重点是，作为专业的服务人员，要在自己的"抽屉"

里多收藏一些话题，高竖感性的天线，收集众多话题材料，然后努力做到能用自己的语言表达出来。

一开始可能不知道该说什么，但时间久了，在每天听别人说话、读书、看新闻的过程中，就会培养出"这个故事说给那个人听，他一定会很高兴的"的感性。

想着"这样的话题，这样的顾客应该会喜欢吧"，慢慢地收集这样的事例，自己的"抽屉"里的话题卡片就会不断增加。这样一来，只要你重视积累，渐渐地，动人的言辞和故事佳话就会自动从顾客那里聚集到你的身边。

♛ 身边的东西都能成为话题的开头

卓越的魔术师，将魔术的机关埋伏在所有可能用得到的地方。专业的工作人员，努力把话题引向自己身边也是必不可少的。例如，我们日常使用的笔。即使不是销售员，这也是每天工作中不可缺少的工具，但如果你使用的是酒店的备品，还是一只很讲究的笔，这会给顾客留下截然不同的印象。

我还是一名酒店员工的时候，有一个经常使用的技巧。

在听顾客讲话的时候，"多好的故事，真让我受益匪浅。如果可以的话，我能记下来吗"？

说着，我拿出皮制的记事本写下来。这样不仅可以传达出我认真倾听的态度，更重要的是，这个笔记本其实很讲究，它是丽思卡尔顿特制的，封底用金字刻着狮子标志和主人（也就是我）的姓名。我会故意放在让顾客能看到的位置（笑），有的顾客肯定会问这样的问题，

"记事本很精致啊，每个丽思的人都有吗？"

"不！（微笑着），这是只有被选中的人才能有的。"

"嗯，太厉害了。什么样的人才会被选中呢？"

"当上总监后，每年都会从总公司寄来。"

"哦，好优秀啊。"

"但是，我的名字是'NOBORU'，却连续两年被误写成'NOBURO'，很过分吧（笑）。"

"哎呀，丽思卡尔顿也会有这种事啊……"

记事本成了一个很好的话题开头。

时刻有意识地思考话题,也是为了今后不再害怕谈话。

> ★小贴士(point)
> 千万不要吝惜寻找话题的精力,还有和顾客多说一句话的工夫。

第3章

让人愉快的遣词用语

~当你学会关注对方内心真正需求的时候,你就会变魔术了!~

（微笑着）"葡萄酒的酒水单，看起来容易让人犹豫不决吧。"

——如何让初次见面的顾客安心

♛ 并不是所有的顾客都习惯

并不是所有来酒店的顾客都习惯这种独特的氛围，也有顾客觉得很不习惯这种场合。

就像我们平时看到的那样，在餐桌上，不管年龄大小，女性一般都能应付自如，很放松，男性有时会显得有些怯场，这样的顾客很显眼。女性出于对自己的奖励和对自我成长的投资，会经常去一些高档场所。当然还因为她们的预算经费也很充裕（笑），同学聚会、好友聚会也和男性的聚会不同，会根据情况选择相应的场所。与之相对，男性就不一样了，男性选择居酒屋的似乎占压倒性多数，因为居酒屋可以轻松喝酒聊天。所以，一坐在奢华酒店的餐厅里，就会有点不知所措。

话又说回来，在酒店用餐的话，乐趣是多种多样的。根据年龄和经验的不同，享受乐趣的方式也有所不同。有喜欢氛围的，有享用美食的，还有喜欢葡萄酒的，等等。此外，有每个月都能见到的中年夫妇，也有为了特殊的日子打工攒钱、偕同恋人一起光临的青年男子。我想，丽思卡尔顿希望所有这些顾客在离开饭店时，都能觉得在这里度过的时间是无可替代的。

就选葡萄酒这件事来说，如果顾客具备侍酒师的知识，那么选酒的事情交给他就好了。如果顾客还想谈论一些关于葡萄酒的知识，那听顾客尽情讲述是最好的。如果对方说"能给我们一点建议吗"，你就提供必要的建议，这是最理想的状态。

另一方面，对于不太习惯喝葡萄酒的顾客（尤其是男性居多），如果服务员理所当然地把酒水单交给他们，他们可能会瞬间产生心理压力。光是那份厚厚的酒水单就已经让人头晕目眩了，如果一不小心从最后翻开，会发现里面罗列满了稀有葡萄酒，也就是具有稀有价值的葡萄酒，价格高达几万日元甚至几十万日元。

这种时候，不能单纯地把酒水单交给顾客，而是要设想顾客想要的酒的等级（包括价格范围）。当然，要通过和顾客对话内容的感觉来做判断。

"有您特别喜欢的酒吗？还是想试试其他的口味？"

"您喜欢涩一点的，还是喜欢甜一点的呢？"

"您想要适合鱼料理的口感清淡一点的，还是适合牛排的口感浓厚一点的葡萄酒呢？"

"那我先给您拿菜单吧，等您决定好了料理，我再给您推荐葡萄酒。"

在这样的对话中，可以和顾客一起边看酒水单一边提议："那么，这款罗塞葡萄酒怎么样？和鱼、肉，任何一种料理都很搭配。"这种推荐方法也是可行的。

♛ 向不习惯葡萄酒的人推荐葡萄酒的方法

下面来思考一下这种情况的应对方法。一对年长的情侣正打开一瓶葡萄酒优雅地享用着,这时一对年轻的情侣被引导至旁边的餐位就座。年轻人好像不太适应这种场合,看酒水单的眼神飘忽不定。周围一边喝着葡萄酒一边谈笑风生的情侣也给了他们更大的压力,让他们变得更加紧张了。

这时候,就该专业人士伸出援手为他们解围了。

"酒水单太厚了,实在不好意思。太齐全的话反而会让人犹豫不决,不过这也是我们的骄傲(笑)。您平时喜欢喝哪一款酒呢?"

"如果您喜欢用不同的葡萄酒来搭配菜肴,要不要试试今天主推的'招牌红酒'呢?这是本周才开始的精选酒,相当值得推荐,(指着清单上价格最低的)这款红酒现在是我们的'招牌酒'。'招牌酒'实际上是有秘密的。顾客可能会误以为用的是可有可无的酒,但其实是非常讲究的葡萄酒。"

事实上,如果按价格"高""中""低"三个档次的价位来给葡萄酒排名,几乎所有顾客都会选择中间价位。这通常是成本最低、利润率最高的葡萄酒。也就是说,这对餐厅来说无疑是一份值得庆幸的订单。另外，高价位的葡萄酒成本相对较高，所以利润率要比中价位的葡萄酒低。

那么，低价位的葡萄酒情况如何呢？在控制价格的同时，低价位的葡萄酒还承担了维持餐厅形象的重任。所以，一个餐厅要是能拿很好的葡萄酒作为餐厅的招牌酒，那就已经可以成为顾客评价这家餐厅的标准了。要是我自己，去第一次去的餐厅，一定会首先品尝那里低价位的葡萄酒，因为它体现了一家餐厅的姿态。

当然，没有必要把内幕都告诉顾客。但是，对于顾客来说，一点小小的知识就能成为下一个话题的素材。此外，顾客看价格就知道性价比也很好，不用为了无谓的虚荣而为账单烦恼，还能度过愉快的时光，所以毫无疑问，一定能让顾客满意。

如果顾客点了餐厅的招牌酒，我们会询问他品尝之后的感想。如果顾客说喜欢口感更醇厚的葡萄酒，那么下次就可以从清单中找出他喜欢的葡萄酒。如果顾客说这个酒味道真不错，就可以推荐瓶装的。

营造让顾客愉悦的场所

重要的是,要经常思考如何营造一个让顾客发自肺腑地感觉愉悦的场所。

为此,首先要体会顾客现在的感受,试着说一句会与他有共鸣的话,再站在对方的角度,思考怎样接话才能让顾客感觉"果然来对了,这儿真好",最后再开口说话。像这样,"花时间说一句话",坚持不懈地在遣词用语上下功夫显得格外重要。

> ★小贴士(point)
> 为了那些因不习惯而感到不安的顾客,提前花时间思考,准备一句为对方着想的话语。

"不太合您的口味吗？"

——能否从不满中创造出新的价值，是"操作员"和"职业人士"之间的差异

■ 为了增加自己的粉丝，首先要主动关注对方

很多企业，会在创立纪念日等活动中使用酒店，同时会在活动中设置表彰优秀员工的环节。

在丽思卡尔顿举办这样的活动时，我们会把它当成是给我们自己的一个福利，会尽可能地与受到表彰的人交谈，因为能学到的东西太多了。

无论是哪个行业，优秀的成功者都有一个共同的特征。

尤其是优秀的销售员，都具有非常出色的观察力。这也许是理所当然的，要想增加自己的粉丝，首先要学会关注他人，这是绝对条件。如果对谁都漠不关心的话，"观察力""洞察力""表现力"等这些能力就无从谈起。而且你不

关心他人，他人也就不会把自己的精力用在和他们无关的人身上。

♛ "觉察力"能将不满转化为喜悦

实际上，这与酒店等服务现场的应对方式是一样的。

例如，度假酒店早餐中的咖啡。有一位很喜欢咖啡的顾客，当天几乎没有喝，原因可能有"咖啡太热""味道和平时不一样"等等。

如果服务员没有注意到顾客的餐桌，这件事可能就这样结束了。

但是，如果有"观察力"的服务员就会询问顾客："是不是今天的咖啡不好喝，不合您的口味呢？味道变了吗？"

"这是怎么了？咖啡一点都不热。"

"温温的，味道也很奇怪。"

虽说是酒店工作人员，但毕竟是人，偶尔出现差错也不足为奇。

如果发现了失误，就要马上跟进。当然要立刻更换咖啡，但光这样做还不够，试着再稍微灵活一些。

比如，可以这样应对，总厨师长和服务员一起走到餐桌前，对顾客说：

"服务员给您添麻烦了，非常抱歉。可以的话，我特意烤了面包，可以请您品尝吗？"

于是，顾客的不满转化成了"总厨师长特意为我烤了面包"的优越感。

从意识到顾客杯子里的咖啡没怎么动，到反而为顾客留下美好的回忆。那位顾客回去之后，一定会对很多人说："在那家酒店发生了这样的事情。"而听到这些话的人，要是能这么想"如果有这样的酒店，我也想去看看"，那么我们的目的就达到了（笑）。

♛ 操作与职业的区别

在餐厅等地，当顾客剩下很多食物的时候，我们会注意到有两种服务员，一种服务员直接把盘子撤下来，另一种服务员则向顾客询问原因。这可以说是"操作员"和"职业人士"的区别。

"操作员"要严格遵守公司的员工手册，而"职业人士"则会用心体会顾客的心情。

遇上这种情况，后一种服务员一般会询问：

"是不是不太合您的口味？"

"量有点多了吗？"

"是不是推荐别的菜就好了？"

"这个食材是不是有点不太习惯？"等等。

"嗯，对我来说有点咸了。我已经控制了一段时间的盐分。一开始告诉你一声就好了。"

"是吗，我应该先确认的，很抱歉没有照顾周到。下次请您告诉我，我会转告给厨师的。"

如果有了这样的对话，顾客也一定会对下次的用餐充满期待。然后，下次来的时候，厨师长会亲自到餐桌前，"前几天真是失礼了，今天就按照您的口味调整一下味道"，这样和顾客之间的感情就会迅速加深。

♛ 用一句话把不满变成再次光临的契机

当顾客看起来对服务不太满意或者对商品不太满意时，重要的是，要有大胆地向顾客打招呼，接受某种反馈的勇气。

这与自己的成长息息相关，如果还能为顾客提出"下次我们会这样做"的方案，那就变成了和顾客的下一个故事开始的契机。

> ★小贴士（point）
> 为了不让顾客带着不满离开，通过询问或提案的话语，将其转化为顾客再次光临的契机。

"真的很感谢你们为我们举办了这么好的仪式！"

——如何通过团队合作加深纽带联系

♛ 如何迎接时隔10年再次光顾的顾客

无论是谁，对于结婚或新婚旅行时所住过的酒店，都会有一种特别的感情。这种心情，当然不只是日本人才有。共同走过了一段岁月之后，想要再次造访记忆中的酒店，也是理所当然的吧。

在丽思卡尔顿，也经常会有10年前举行过婚礼的顾客带着孩子来住宿，或者在家庭纪念日的时候来共享晚餐。

但是酒店工作人员的调动很多，能认出"那是10年前，那个时候的顾客！"的可能性很低，这也是实情。

在洛杉矶南部的拉古那尼克丽思卡尔顿酒店，曾有一位顾客说："10年前我在这里举行了婚礼。"这正是加深与顾客之间纽带的好机会，除了口头表示感谢和祝贺，大家都开始集思广益，看看还能为顾客做些什么。

♛ 寻找当时有交集的人，用"回忆"活跃气氛

首先，我们给人事部打了电话，让他们帮忙寻找 10 年前就在这里工作的人。

接下来，我们选择了能够记住顾客的员工，让当时工作过的 3 名员工一起来祝贺。一开始他们还记得不是太清楚，但说着说着，慢慢就想起了一些当时的事情。

"○○先生，我记得我当时是婚礼上的女服务员，那天海面上应该飞了很多悬挂式滑翔机吧。"

"我是在厨房里准备婚宴的，真的很感谢您能举办那么好的婚礼。"

年轻的服务员随着婚礼上服务员的话题，也自然而然地加入了谈话。

"我当时还没有在这里工作，能和您继续这一份难得的

缘分，真是很值得感谢的事情。"

如果有孩子在场，也可以跟孩子搭话。

"你叫什么名字？"

"我是肖恩。"

"嗨，肖恩，你好。我是在爸爸妈妈婚礼上帮忙的〇〇。"

当然，把孩子也当成大人一样以礼相待是对我们的基本要求。看到工作人员这么认真地对待自己的孩子，没有顾客会不高兴。

即使当时的工作人员没有都留下来，也可以和厨师商量，看看能否提供一些帮助。

"10年前举行婚礼的〇〇先生，一家三口来了，给他们点惊喜吧？"

厨师就像艺术家一样，一定会用心去做。比如，可能会安排在饭后甜点上，加入"10周年快乐"的字样等等。

♛ 重要的是不要局限在组织结构的框架内

无论什么事情，只要想做，应该一点都不难。但是，很多酒店不会在这些地方花这么多的时间。理由很简单，因为不仅要花费时间和精力，还很麻烦。

不仅是酒店，我认为很多组织都没有建立起这种关心机制，如果公司内部有评价这样花费人力、物力和时间所创造出来的价值的机制就好了，但事实上，几乎所有的职场都没有做到这种程度。话虽如此，如果连你也被局限在组织框架里，那就太可惜了。

即使公司内部的结构不会马上变动，自己一个人也完全可以有所改变。用感性天线捕捉顾客的每一句话，再把觉察到的顾客的需求变成实际行动，只要意识到这一点并用心去做，就能牢牢地连接起与顾客之间的纽带，而这些也终将成为你的宝贵财产。

> ★小贴士（point）
> 尊重顾客的想法，不断努力磨炼不漏听对方每一句话的注意力和实现对方想法的表现力。

"非常精心的设计,敬请期待!"

——用提高期待感的一句话,让对方心潮澎湃、翘首盼望

♛ 提高期待感的一句话

简单的一句话,就能让现场的气氛变得明朗,让人的心情变得愉快。为了和顾客保持良好的沟通,不要吝啬这样简单的一句话。

餐厅里的一张桌子旁,所有人都在默默地吃饭。有时候,组织活动的干事想起来了就说句话,但是,一两句话以后,谈话就又中断了。

注意到了这种气氛的服务员在撤盘子的时候,就可以说一句让大家对下一道料理充满期待的话。

"接下来的菜是今天的鲜鱼料理。早上我在厨房看到时,刚送来的鱼还跳得欢呢,非常新鲜!"

仅凭这句话，就能提高顾客对料理的期待感。当菜端上来时，"这就是那条跳得欢的鱼吗……"像这样，会产生一些短小的对话，慢慢就能把顾客们联系在一起。

接下来，那个盘子里的是"配菜"，是用白萝卜和胡萝卜等配菜的蔬菜料理。通常是讲究红、白、绿的色彩组合，但也有些顾客觉得只是"配了一些蔬菜"。

"也许您也知道，配菜一般都是用红、白、绿色。但是，今天主厨用了黄色的南瓜代替了白色。非常少见，敬请期待。"

附加上这样的说明，就又埋下了一个话题的开头。

"哦，平时这个是白色的吗？那今天为什么要用南瓜呢？"

"现在这个季节，南瓜可能最好吃吧，今天要不回去时买一个试试看？"

"偶尔做个煮南瓜也不错。"

在餐厅里，关于烹饪和料理当然是最容易令人兴奋的话题。从头盘到副菜、主菜的鱼、肉等，通过提高顾客对菜肴的期待感，顾客之间的对话也会变得活跃起来。

这在其他行业也是一样的。

例如销售产品，"这次的新产品，在发布会上的评价非常好"，如果是举办一个活动或研讨会，就可以说"这次准备了特别企划，敬请期待！"等等。

无论从事什么行业，用提高期望值的一句话，让对方心潮澎湃、翘首盼望，之后顾客们之间的对话，都会充满期待。

♛ 以"人"为话题，也能传达出愉快的气氛

即使话题的对象不是提供的商品或服务也没有关系。

门童和正在等出租车的乘客在对话：

"现在是食材最丰富的时期，餐厅的主厨们工作起来也很开心吧，可能创造性也如虎添翼，正在大显身手呢。"

"哦，是吗？"

这里的话题是，在酒店里，现在谁在以怎样的状态工

作。可能厨房里热气腾腾的气氛不知不觉就传达了出来吧。

虽然不是"有这么好吃的食材"这样直接的表现,却能让顾客产生"如果是有这样的厨师的餐厅,我想去吃饭"的想法。即使不直接参与公司或商店提供的商品或服务,只要能传达当时的气氛,就能打动顾客。

提高期望值的一句话,不仅能成为对话的契机,还能起到销售的作用。

> **★小贴士(point)**
> 增加趣味性的话题可以让顾客之间的谈话活跃起来,对店家来说,还可以创造顾客下次来店的机会。

"请让我用酒店的车带您游览一下岛内吧!"

——能在消极的状况下创造出积极的结果,才是工作该有的乐趣

♛ 把对方的不满转化为契机

随着"怪兽父母①"和"怪兽患者②"等的登场,慢慢地"无理取闹型投诉者③"这个词被众所周知。

但是,有一个必须注意的陷阱——即使是小小的投诉,

---

① Monster parents,以自我为中心,对学校教职员工提出无理要求、不讲道理的家长。也就是所谓的抱怨投诉者的一种。对于本来应该由儿童自己努力,或父母之间、社区之间解决的事情,也单方面地向学校施加压力,要求学校采取应对措施。

② Monster patients,和学校里的"monster parents"一样,在医疗现场,以自我为中心提出过度要求的患者被称为"monster patients"。

③ Claimer,原义是"投诉者"的意思。这里指对商品的缺陷、对服务的应对方法等不厌其烦地抱怨的人,特别是抱怨被认为是在找碴的情况下使用。

也会以"那个顾客是'无理取闹型投诉者'"为理由,而把自己的不成熟抛在一边,将责任全部转嫁给投诉者,这是一个潜在的危险。

普通顾客所感受到的不满,与恶意投诉者的无理取闹是不同性质的。

为了能冷静地看清顾客的不满,到底是因为"我们没能满足顾客期望",还是属于"无理取闹的要求",需要我们不断地磨炼自己的经验和直觉,还要求我们要时刻站在顾客的立场上倾听。

最后,无论在什么情况下,都要试着思考能否将负面的状况转化为有利的局面,这样你也能开始享受自己的工作了。

投诉"睡不着"的顾客

我在海外酒店工作时,曾收到过日本顾客这样的投诉:

"我儿子昨晚一夜没合眼,我们夫妻俩也因此一夜没睡。绝对是酒店的临时床有问题，你说怎么办吧？"

我觉得睡不着有可能是因为在倒时差，但是也不能断言不是孩子睡小床的原因，因为偶尔出现问题的可能性还是有的。

"是吗？实在对不起。我马上去确认小床的情况，另外今晚我会为您的孩子准备一张普通的床。"

并且，我还提出了这样的提案：

"如果您不介意，我想用酒店的车带您全家游览一下岛上，您看怎么样？下午能抽出一点时间吗？"

在国外的酒店睡不着，大部分都是因为时差。对这个问题，花点时间是最好的解决办法，但如果只住三四天，就没有那么多时间去倒时差了。

我一般会使用一些技巧帮助自己倒时差。一种是晒太阳，调节人体的生物钟。我去美国出差，要是会议从到达的那天开始的话，在酒店登记入住后，我就马上出去晒太阳，这样生物钟就会与美国时间同步。另一个办法是活动身体，也就是说，适当地积累疲劳。

这个家庭的情况，乍一看可能觉得睡眠不足和岛内观光毫无关系。但是，一边观光、一边沐浴阳光、活动身体的话，身体就会疲劳。良好的疲劳感能很好地促进晚上的睡眠。也就是说，这是为了让顾客"沐浴阳光，积累疲劳"的提案。加上带他们出去的是酒店的车，顾客也不会觉得不好意思。而且，只要不是紧急情况，酒店的车也有空，带顾客游览不会不方便。

▞ 第二天早上，顾客的感受是……

游览完岛上的景点回到酒店，吃完晚饭的时候，孩子已经睡着了。这样一来，第二天早上顾客的情况就和前一天早上完全不同了。

"早上好！孩子的床换了以后，睡得还好吗？"

"哎呀，多亏了你，孩子睡得很香，我们也休息好了。"

这种时候，顾客会有"前一天可能说得太过分了"的想法。但是一般不会口头表达"昨天说得太过分了，很抱歉"，而是会去餐厅吃饭、买礼物等，在酒店的花费会超出原来的预算金额。

因为是专业人士，这个程度的期待还是可以有的（笑）。

然后，顾客回国2~3天后，再发送一封跟进的信件或邮件。

"您回家后有没有因为时差感觉不适呢？"

"如果是自家的床，孩子也可以好好地休息一下了"……

以一件小事为契机，开始了这样的对话，把一场不愉快转化成了皆大欢喜的结果。如果顾客因这件事，以后还想去这个酒店的话，那可以说再没有比这更令人高兴的事情了。

♛ 投诉和不满是机会

有投诉和不满的时候，也正是机会到来的时候！

将"化负为正"的智慧集中在一起，将其视为与顾客之间产生纽带联系的好机会。我认为这也是专业人士工作的妙趣之所在。

> ★小贴士（point）
> 当对方表达不满时，要绞尽脑汁、智慧地应对，这正是和对方创造机会、产生故事佳话的好时机。

"今天我不推荐!" 赢得顾客的信任

——特意向常客传达真实的感觉

♛ 不推荐贵的菜

向顾客提议"我不推荐这道菜"的情况非常罕见,有时还会伴随一定的风险。

但如果桌上都是常客,情况就又不太一样了。

例如,今天推荐的前菜有 1500 日元到 4000 日元的几种。

如果有很多顾客都点价格高的前菜,对餐厅来说当然是好事,但我还是要提出"不刻意推荐贵的菜"的建议。

(用稍微低一点的声音)"对不起,虽然可能对厨师不太好,但我实在不想向大家推荐这道前菜。大家可以从其他前菜中选择吗?"

"我从白天点过这个菜的其他顾客那里得到了一些反

馈，所以不太向大家推荐这道菜。"

"是味道有什么问题吗？"

"不，不是味道，而是好像香味有点特殊。"

这里的关键是，即使是价格最贵的菜，也要诚实地告诉对方"我不推荐"。

有趣的是，如果有 6 位顾客，或许是一种逆反心理，倒产生了好奇心，其中 3 位顾客会选择"不被推荐的菜"。

然后，大家一边交换盘子里的菜，一边品尝着"特殊的香味"。围绕着这道菜，顾客之间聊得很起劲。

这时候可以看准时机，把主厨领到顾客们的餐桌前。当然，事先要告诉主厨，自己和顾客们说了些什么。

"谢谢大家的关照，不知今天的菜怎么样？"于是，就会有各种各样的反应。

"你说香味很浓，我觉得很好吃。"

"白天的评价，是不是就是指这个蝉？"

厨师和顾客之间的对话，可能会比平时更加活跃。

♛ 诚实地表达自己的想法

这可以说是高级技巧，归根结底是要向顾客诚实地表达自己的想法。而这也是只有在对料理、工作充满自信和经验的基础上，并且只能对常客使用的说话方式。

这里的第二个要点是，顾客即便听到了这样"不推荐"的提议，也一定还会再次光顾。通过这种"不推荐"来建立与顾客之间的信赖关系。因为只有"不刻意推荐"，才能赢得顾客真正的信赖。

> ★小贴士（point）
> 通过"不推荐"传达真实感受，进而激起顾客的好奇心，从而建立信赖关系。

“去纽约出差您辛苦了，感谢您之前的光临！”

——感谢信并不是只要寄出去就可以了

寄信的时机

我感觉，能够得到顾客压倒性支持的店铺和企业，无一例外都是和顾客站在一起，认真地编织着双方的“故事佳话”。特别是作为“故事”中的“后记”，现实生活中的“跟进”在很大程度上左右着顾客能否成为回头客。

那么，书写故事中“后记”的时机，什么时候比较合适呢？因为每个顾客的情形各异，所以不能一概而论。但重要的是，时机决定一切。有时最好在见面的第二天就寄，有时过几天再寄效果更好。

比如，一位常客在退房的时候说：“从下周开始，我要去纽约出差一周。”这时，我们会根据顾客从纽约回来的时间,适时给他发一封信。

"纽约怎么样啊?非常感谢您之前的光临。有些日子没见面了,真的很期待再见到您。"

收到邮件的顾客会觉得"居然还记得我去纽约出差的事",自然不会有不好的感觉。那么,寄这封信的时机,当然是让顾客出差回来的时候刚好收到,才是最有意义的。

对于常客,也要在一个月后给他们写封信。

"一直以来非常感谢您的厚爱,又一个月过去了,您还好吗?最近,我们在为顾客们介绍一些用当季食材制作的精巧料理,评价非常好。厨师长说'好久没看见○○先生了啊',听话音感觉有点想念您。我们静候您的再次光临。"

这样的内容也很有趣吧,但是,感觉广告邮件的味道还是比较浓厚,所以比起事务性的文案,稍微个性化、柔和一点的内容可能更会给人留下好印象。另外,像这样写信"跟进"的时间长度最好是一个月左右。

♛ 写信还是发邮件？

至于"跟进"服务到底是写信好还是发邮件好，这不是根据自己的情况，而是要优先考虑"顾客想要的是什么，他们的生活节奏是怎样的"。

我喜欢写信，我也充分理解信所具有的温度和传达力，手写的文章能传达出寄信人内心的感情。

但是，稍有不慎的话，信也会产生一种强加于人的感觉，这也是事实。反过来也可以说，或许想要写出让人感觉那么好的信是很难的。另外，从重视速度的观点来看，工作繁忙的专业人士们，都有喜欢邮件的倾向。只有在考虑到这些方方面面的基础上再去"跟进"，才能产生让对方印象深刻的交流。

可能有点啰唆了，关心和照顾，只有在自己做了对方想要的事情时，才称得上"关心、照顾"。当对方不想要的时候，就会变成"自我满足"或"多管闲事"。

★小贴士（point）

在与顾客编织故事佳话的过程中,"跟进"尤为重要,但是,一定要先考虑对方的情况和立场。

第4章

打动人心的话语

~超越常识的悦客服务，诞生于不受制约的思考中~

"像往常一样，我们正在等待您点白兰地。"

——即使没有面对面，也能传达出悦客之心

♛ 从沙发的位置发现顾客喜好的客房服务员

即使不和顾客面对面，也能做到心意相通。下面介绍一个客房服务员的事例。

客房服务员的主要工作是彻底清扫房间，做好迎接新顾客的准备。或者是帮助继续住宿的顾客整理好房间，让顾客住得更舒适。通常，在打扫房间的时候，因为顾客不在房间里，所以几乎没有和顾客直接交谈的机会。即便如此，也要通过做点什么事情，向顾客表达心意。

有一次，一位客房服务员在打扫常客的房间时，发现单人沙发对着窗户，旁边的小桌子上放着空的白兰地酒杯。

通常酒店的沙发不是朝向窗户，而是朝向桌子。所以，她就把沙发归位了。

这位顾客第二次入住时，去打扫房间的她发现沙发又对着窗户了。

这里考验的是客房服务员的感性。如果只是像往常一样将沙发归位、收拾空杯子，是不会有任何进步和成长的。这时，想想原因，问问自己"沙发为什么会这么放呢？"这样的思考过程很重要。

于是，身为客房服务员的她猜想，这位顾客在完成一天繁重的工作后，是不是喜欢一边眺望夜景，一边品尝白兰地呢？然后，她就开始思考，能为这位顾客做点什么。

等这位顾客下次再入住时，她可以事先把沙发朝向窗户，然后在旁边桌子上放玻璃杯的地方留下手写的便笺，还可以画上小小的白兰地酒杯吧。

后来，机会来了，她就按计划采取了行动。

"〇〇先生，晚上好！客房服务已经为您准备好了白兰地，等您的电话。"

顾客一进房间，感觉到和平时不一样。再一看，沙发是朝向窗户的。"欸?"正在疑惑的时候,看到桌子上放着一封手写的信。读着信,他情不自禁地露出了笑容。那一瞬间,顾客和不在现场的客房服务员的心灵确实是相通的。

▣ 即使不能面对面,也能心意相通

这位客房服务员,站在顾客的角度,设身处地替顾客着想。试着感受一下,就仿佛看到了顾客看到的景色。所以,她实施了自己的想法。另一方面,回到房间的顾客,看到沙发的位置和桌子上的留言卡,也由此想到了替自己着想的客房服务员。于是,虽然她不在现场,顾客却感到了他们之间心灵相通的默契。

丽思卡尔顿非常重视这种心灵相通的瞬间,并将其称为"产生纽带联系的瞬间"。

在大多数酒店里,负责打扫房间的客房服务员,只是把沙发放回固定的位置,把玻璃杯收拾干净而已。可能无论看到多少次这样的场景,他们都只会重复同样的操作。

当然，客房服务员的职责是清扫房间，保证顾客舒适地住宿。但是，如果因为不见面就不考虑对方的心境，那就有可能只是完成操作工作就结束了。

在丽思卡尔顿，不仅限于操作性的工作，还会追问"工作的目的是什么"。也就是说，客房服务员这一工作的目的，正是"为入住该房间的顾客提供最好的'丽思卡尔顿体验'"。

这就是服务和悦客的区别。如果只考虑提供服务，就不会产生"移动沙发"的想法。"移动沙发"是立足于悦客之道，才能做到的款待服务。

♛ 现场员工才能发现问题

这里最大的要点是，顾客期待怎样的住宿、希望怎样的住宿。然后，你会发现，能注意到沙发是朝向窗外的既不是总经理，也不是大堂经理，而是负责打扫客房的现场服务员。这也表明决定公司命运的是一线员工。

如果你是现场的工作人员,工作是直接接触顾客的话,那么能够创造奇迹的,就只有你了!

即使你负责的是与顾客不直接见面的工作,也要注意到这一点,用心去做只有自己才能做到的款待之道,这才是工作的真正乐趣所在。

> ★小贴士(point)
> 即使不直接见面,但如果能站在对方的立场上,替对方着想,也同样能打动人心,这就是服务和悦客的区别。

"要不要从日本餐厅给您端碗荞麦面过来呢？"

——洞察顾客内心的需求，"高明地违反规则"

♛ 中餐厅提供日本荞麦面

这是一个发生在中餐厅里的事例。

随着套餐里的菜品一道道端上来，服务员注意到一位常客盘子里剩下的食物越来越多，于是悄悄地问道：

"是不是今天的味道不太合您的口味？您有什么担心吗？"然后，那位顾客回答说："不，没有，可能是上了年纪，有点不太喜欢油腻的东西了。"

看来，其他朋友都是想吃中华料理才来的，但这位顾客好像感觉不舒服了。

于是，服务员提出了一个建议。

"是吗？那如果来一碗日本荞麦面代替炒饭，您觉得怎么样呢?"

"啊？这样也可以吗？……那真是太好了！"

"好的，没关系，就交给我吧。"

然后，服务员马上跟日式餐厅的厨师长说明了情况，准备好了荞麦面。当然，因为还有其他顾客在场，所以必须在上菜摆盘方式上下功夫。

他们在蒸菜用的蒸笼里放上盛有荞麦面的盘子，用中式汤碗盛上荞麦面的汤汁，这样在中餐厅提供荞麦面也不会有不协调的感觉，顾客也就不用顾虑周围人们的视线了。

♛ 俯瞰全局，寻找能做到的事情

这个故事有两个关键点。

一个是反复强调的，要注意顾客的状态。

在这里，所有一切都始于经常来吃饭的老顾客在和朋友们集体用餐时，服务员发现他看起来和平时不一样，看起来很累很不舒服。当服务员意识到这一点的时候，故事就已经开始拉开了帷幕。一旦注意到了异常，就应该马上开动感性的引擎，瞬间找出有哪些选择，自己可以提出什么建议。这不仅能加强与顾客之间的纽带联系，还能促进个人自身的成长。

还有一点也很重要，那就是要养成站在顾客的立场上俯瞰全局的习惯。

"在中餐厅提供荞麦面"，如果是没有站在顾客的角度，没有思考为顾客服务应该做什么事情的人，是想不到这一点的。从员工手册范围来看，这明显是违反规则的。也许有人会认为，既然在中餐厅，那么就在力所能及的范围内做力所能及的事情就好了。我也并不是提倡要经常提出这样的建议，平常如果想让大家品尝日本料理，带他们去日本餐厅就可以了。

但是，当你想要向顾客提出方案时，是在自己能做什么的责任范围内考虑，还是在整个组织范围（这里指的是整个酒店）内考虑，提案的内容会截然不同。恐怕后者更能超越顾客内心的需求。

能否做到"俯瞰式思考",是能否成长为专业工作者的试金石。

♛ 顾客消费是按照他自己的规则,而不是我们的规则

顾客在客房点餐的时候,如果顾客说:"我胃有些不舒服,想吃点夜宵菜单上的茶泡饭,可能不行吧。"这时,服务员说:"对不起,茶泡饭属于夜宵菜单。现在是早餐时间,您能不能从早餐菜单里选择呢?"按照酒店的规则来说,这样的回答是没有任何错误的。

但是,如果这样回答就是根本没有考虑到顾客的需求。

在顾客提出的有点难以办到的需求中,也包含着顾客想要按照自己的规则而不是酒店的规则来消费的信息。丽思卡尔顿有时会接受顾客的这种棘手需求。原因很简单,因为他们重视利益,所以才会按照顾客的规则提供服务,让顾客欣然消费。

如果把顾客的需求放在第一位,就要有工作中有时会

稍微偏离公司规则的心理准备，这点很重要。只要不迷失工作的目的，就能明白不被规则束缚、随机应变的重要性。

为此，首先要锻炼能够不动声色地观察顾客的感性雷达。一旦意识到发生了什么，就用俯瞰的视角思考解决方案、付诸行动。有了这样的洞察力和行动力，就能诞生超越顾客预期的服务。

> ★小贴士（point）
> 做到俯瞰式的思考，是一个人成长的关键。

"最符合您需求的房间在另一家酒店。"

——超越限制，把顾客真正的需求放在首位

♛ 能打15分钟以上预约电话的酒店

顾客使用酒店的体验，开始于电话预约的那一刻。

一般酒店预约中心的通话时间，短则3分半，长的也不过7分钟左右。

预约中心有电脑记录，和哪位顾客通话几分钟，都会被全部记录下来。如果发现20分钟之类的记录，监督者就会提醒："为什么要花这么长时间？"因为预约电话的时间越短，效率越高。

前面已经介绍过，在丽思卡尔顿，预约电话有时会打15到20分钟。特别是对于第一次利用丽思卡尔顿的顾客，要尽可能地提前了解他们对酒店的需求。因为我们认为只有在这里花费了足够的时间，才能按照顾客真正的期待来接待顾客。

♛ 那一天，能满足顾客需求的，不是我们酒店！

还有一个这样的故事。

一位顾客在预约电话中讲述了他选择丽思卡尔顿的理由。

"母亲现在住在农村，年轻的时候曾经在东京的滨松町附近工作过，现在已经上了年纪。这次恐怕是最后一次东京之行，以后一个人去东京估计也很难了。所以，作为女儿，我想在母亲生日那天，把东京之旅作为生日礼物送给她。"

我们也充分感受到了女儿对母亲的感情。

当然，就这样直接接受预约也没有任何问题。但是通过和顾客的对话，预订员还了解到了顾客选择丽思卡尔顿的原因，是她在某杂志上看到了"可以看到东京塔的酒店"介绍，里面说从丽思卡尔顿酒店可以看到东京塔。

"想让年轻时在滨松町工作的母亲住在能看到令人怀念的东京塔的酒店里"，这才是顾客真正的期望。

但是不巧的是，完全符合顾客要求的房间，在那一天已经全部预订满了。不过，芝公园那边还有一家酒店，虽然两家酒店是竞争对手，但只要住在上层，就能近距离看到东京塔，而且滨松町附近也能一览无余。

于是，预订员下了这样的决心。

"对不起。不巧想给您推荐的房型，当天都满房了。但是，芝公园附近还有一家很符合您需求的酒店。我认识那家酒店的预订员，可以让她跟您联系吗？我想她一定会为您母亲准备一间让她开心满意的房间。"

然后，在顾客入住的当天，预订员安排人送去了丽思卡尔顿的纪念品，还附上了以下留言卡。

"从这个酒店的房间里，不仅可以看到东京塔，还可以看到东京丽思卡尔顿。记得向我挥挥手啊。"

现在，这位女士经常光顾丽思卡尔顿。

♛ 相信看不见的信赖感的力量

让顾客由衷地高兴是一种什么样的体验呢？为了让顾

客度过最好的时光,自己能做什么呢?抛开内心的制约来思考,就能够站在顾客的角度上进行提案。

虽然这次顾客最终没有使用丽思卡尔顿,但是这个过程让酒店与顾客之间产生了看不见的信赖感。相信信赖的力量,并为此竭尽全力地为顾客服务,乍一看好像是在绕远路,但这同时也是与顾客建立纽带联系的捷径。

> ★小贴士(point)
> 如果把顾客的喜悦放在首位,那么借助竞争对手的力量也是方法之一。为了建立无形的信赖关系,要经常思考最能令顾客满意的服务是什么。

"让我们想想办法吧!"

——挑战不可能的难题时，自己的引擎会变强大

♛ 不说"No"

丽思卡尔顿有一个不说"No"的基本原则。由于这种原则，自然会产生各种挑战，从而培养大家的感性。

从说出"Yes（是的，我知道了）"的瞬间开始，就会产生"不能给顾客添麻烦"的意识，大脑就开始全速运转。

通过给自己增加负荷，会产生前所未有的新思路。

♛ "一定要满载而归才行"

那是很久以前，毛伊岛的丽思卡尔顿开业不久的事。在大型旅行社的安排下，某企业的团建旅行团队将要入住。

行程第三天的预定计划是乘游艇出海钓鱼，也是那次

行程的亮点。

这个团队到达后，旅行社的负责人吞吞吐吐地说道：

"其实我没有通过邮件告诉高野先生，有件事想拜托你……"

"怎么了？是有什么问题吗？"

"不，也不是有问题……，就是第三天的'钓鱼计划'，是这次旅行的高潮。"

"是的，我听说了，大家好像都很期待呢。"

"是啊，所以……，那个……我希望大家能打到很多鱼，能够满载而归。"

"欸？满载而归啊？"

"是的，我希望他们能满载而归。"

"必需吗？"

"是的，绝对必需。"

负责人好像还在说，如果捕不到足够多的鱼，他们就不回来。虽然这个请求可以说有点过分，但当我回过神来时，"让我想想办法吧"已经说出了口。

但我其实没有想到任何办法。我和其他同事们也商量了，他们都一脸惊讶地说："喂，喂，那里可是太平洋的正中央啊。说一定会捕到大量的鱼，简直是疯了。"

因为已经对顾客说了"Yes"，所以我们必须一起绞尽脑汁，但还是没有想出什么特别的好办法。

几乎一夜无眠的我早上去上班，在服务台后面一边喝咖啡，一边和同事聊起这事儿，还是这样不行那样也不行。正在头疼的时候，一个喜欢钓鱼的兼职门童走了过来，他是个退役军人，在夏威夷过着退休生活。闲的时候，每周会做几天兼职的门童，这在当时的夏威夷是常有的事。

因为他听到我们在说钓鱼的事，就走了过来。我们说明了情况。他想了一会儿后，很干脆地说："太简单了！"我们吓了一跳，赶紧问他："怎么做？"

"军方的直升机里有身手敏捷的飞行员，只要雇他们去找鱼影就可以了。他们是找潜水艇和鱼雷的人，找鱼影可不就是小菜一碟吗？"

"那能雇到军队的直升机和飞行员吗？"

"喂，这里是美国，只要给钱，什么都可以雇得到。"（笑声）

真是喜从天降，柳暗花明又一村！

幸运的是，我们找到了军方的直升机，又有熟练的飞行员请了假来驾驶。当然，旅行社方面也答应承担相应的费用。

结果不出所料，当天获得了大丰收，顾客们非常高兴，旅行社那边感动得都快哭出来了。

▲ 只要相信自己"能做到"，就能促进自身的成长

在那件事之前，我也解决过许多难题和需求，但从未有过像那时那样提心吊胆的感觉。我至今还清楚地记得整个晚上，连做梦都在思考那个问题。

另一方面，我觉得那种强烈的愿望，可能冥冥之中成为能量的波长，传递了出去，而那时恰巧在场的门童，感受到了这种愿望。

我不认为思考就能解决一切问题，但毫无疑问的是，坚信自己"能做到"，并能够持之以恒，百折不挠地思考解决方式的能量，有让自己内心引擎变强大的作用。

> ★小贴士（point）
> 不说"No"的姿态，会把自己逼到绝境，从绝境求生的努力，会成为自己成长的巨大能量。

"您要在里面等吗?"

——工作时,说不出有"人情味"话语的悲哀

♛ 门童的关照是"违反规则"吗?

这是我从一位女性朋友那里听到的故事。

周五深夜的六本木,经常打不到出租车。于是,她们决定去附近的丽思卡尔顿。因为她们觉得去酒店的话应该会有办法。

如今,东京都内的出租车情况有了很大的改善,但是在年末年始聚会盛行的时候还是有打不到车的情况。这种时候,有不少人就会和她一样,想从酒店打车。

不是酒店住宿的顾客,却在酒店门口等出租车,让她们有点不好意思。但是,门童却对她们说:"天气很冷,你们要不在里面等吧,车来了,我告诉你们。"

冬天夜间的室外温度很低,非常寒冷,站在外面等车

确实很辛苦。一般情况下，人都会想"她们真不容易"，所以门童不由自主地去跟她们打招呼，"你们要不在里面等吧"，这是很自然的同情心的表现。

但实际上，绝大多数酒店都不会说这样的话。

在日常生活中，谁都会对家人和朋友说些亲切的话，也会想到要帮助他们。但是，一旦进入了"工作"领域，行动和思考不知为何就会被困在"工作"的外壳里。

在酒店，顾客等出租车的地方是固定的，这是公司制定的规则，不是门童能改变的事情。作为门童，他的工作是为在出租车乘车处等待的顾客叫车。"您要不在里面等吧？"这样充满"人情味"的处理方式比较少见，因为公司的员工手册中没有这样的内容。但在顾客看来，这却是良言一句三冬暖的话。

♛ "该说的话"和"不该说的话"

有几次年底的深夜，我在东京都内打不到出租车，也去过酒店的出租车乘车点。

那时，即使很明显我不是那家酒店的住宿顾客，也一定会被问道："您住在酒店吗?"我不知道回答"是的，住在酒店"和"不是，没住在酒店"的时候，会改变什么，又会如何改变。但是，总觉得言外之意就是，"你给人一种'不住酒店，只乘坐出租车'"的感觉。这么一想，可以说门童的这句话没有任何意义。

酒店不同，制度也会有所不同。一些酒店规定，优先引导住宿顾客乘坐出租车。但是，以前住过这家酒店的人也有可能会来出租车乘车点。我认为他们有必要思考一下，提供服务时将现在的顾客和以前的顾客拿来比较，有什么意义。

对酒店来说，重要的不只是"现在住宿"的顾客。在这一瞬间，酒店对非住宿顾客的应对方式，会决定他将来是否能成为酒店的重要顾客。

★小贴士（point）

"体谅"他人的心情，要优先于工作的规则，这份用心可能是在培养明天的顾客。

最后加一句："我是不是多此一举了？"

——款待每个顾客的方法都不一样

♛ 该打招呼的顾客和不该打招呼的顾客

与顾客的接触方式千差万别，绝对不可能将所有内容都手册化。在餐厅里，有100张桌子，就可能有100种不同的问候方式。

4组同年龄层的顾客们在一起吃饭，有的只要打招呼就会很高兴，有的则需要我们悄悄用外部的欢快气氛去感染他们。

遇到喜欢聊天的女性小团体，或许不要打招呼会更好。但如果是类似"名人协会"的女性聚会，那么反过来，要先征求一下顾客们的意见："能让厨师来和大家问候一下吗？"然后可以请厨师亲自出迎、登场介绍菜单等，有时候还可以帮助她们尽情放飞自我。

这里，需要的是能够读懂、判断现场气氛的能力。

哪怕只是一个来喝咖啡的顾客，他是只来喝咖啡的，还是来享受这段时间的，抑或是想来聊天的，还是在等人呢……这里面有着各种各样的人生模样。

这种"读懂气氛的能力"，只要努力就能得到不断提升。

"用什么方法才能让这位顾客开心呢？"

"这样的服务可能会让那位顾客高兴。"

在每天这样思考的过程中磨炼，读懂、判断现场的能力就能不断地得到提高。

♛ 给爸爸的生日派对

有一次，有一家人来餐厅庆贺父亲的生日。小女孩说："爸爸，生日快乐！"爸爸回答："谢谢！又到了这一天啊……"

服务员听到了这样的对话，意识到今天是那位父亲的生日。

在居酒屋中，也有以庆祝生日为卖点的。因为是店铺的主打特色，所以尽情地放手去做，就能满足顾客的需求，店铺越努力，越能满足顾客们的期望。还应该把其他的顾客都拉进来一起庆祝，这样更能赢得人心。

但是，顾客选择了酒店，可能就意味着希望安安静静地度过这个生日。随着年龄的增长，也许感觉欢呼雀跃的庆祝方式已经不合时宜了。

对于这样的顾客，即使我们注意到顾客是在过生日，也依然像平常一样淡然地服务。会有像"您喜欢这道菜吗？"这样的交谈，但不会提及生日。

然后，到了最后结账的时候，可以这样说：

"其实，刚才我听到您的孩子说'生日快乐'。所以，我们的厨师为您准备了蛋糕，希望您能在家品尝。如果不介意的话，您可以带回去吗？"

这时，厨师从厨房那边探出头来，轻轻挥着手，然后微笑着小声说："我是不是多此一举了？"

因为这句话出自厨师长的坦诚，所以能引起顾客的共鸣，也确确实实实传达了酒店想为顾客的生日做点什么的诚挚心意。

顾客可能会回答："谢谢你们的关心，回家后一定会和家人一起享用！"而对家人来说，这一天也毫无疑问成了印在脑海里的美好回忆。

事实上，我也有过类似的经历。

曾经在一家餐厅，也许是对方听到了"哎呀，又变老了啊"这句话吧，最后我收到了一份小惊喜的甜点。我问服务员："你是怎么知道的？"她只回答了一个词："直觉！"我也明白肯定不是直觉，但内心还是充满了感谢之情，忍不住告诉她："很让我感动！"

♛ "有品位的表现"因人而异

什么样的表达方式才算有品位呢？在服务现场工作的实质，就是不断追求有品位的表达方式。就如同要穿有品位的衣服，选择有品位的鞋子一样，还要使用有品位的语言,掌握有品位的表达能力,不知不觉中,一举一动、一言一行就都会流露出自己的品位。

我们的目的是为顾客创造最美好的时光。但是,工作人员们也表示,不仅仅是为顾客们创造"愉快"的时光,还要抱有能够"愉快地提供"的态度,这样工作乐趣就会增加。"那位顾客,怎样才能让他高兴呢?""什么话能让人感动呢?"一边在脑海里描绘对方的笑容,一边考虑这些问题,工作也会变成一件更加快乐的事情。

> ★小贴士(point)
> 如果想做到对所有顾客都一视同仁,就离不开员工手册。但如果尝试打磨自己让不同的人都能乐在其中的感性,工作就会变得更愉快。

第5章

难以启齿的话怎么说

~为了让对方心情愉快地配合行动~

"现在对烟民来说,真是一个很不友好的时代啊!"

——能让对方愉快地遵守规则的说话方式

♛ 看到不礼貌的顾客时

感觉很久以前就有人说日本人的礼仪退化了。若无其事地在车站的长椅和电车里化妆的年轻女性,从车里往外扔烟头的男子,车站内只是肩膀不小心碰了一下就横眉怒目、火冒三丈的两个成年人……无论男女老少,这样令人叹息的场景随处都会遇到。

我在美国从事了三十年的酒店工作,接待了很多日本顾客。现在回想起来,确实 20 世纪 70 年代和 80 年代以后去海外旅行的日本人,他们的行为模式有明显的不同。

20 世纪 70 年代,海外旅行还不普遍的时候,去旅行的每个日本人都带着进入他国"地盘"的谦虚心情,也不会将旅途中的丑事不当回事。甚至可以感受到一种骨气和气概，作为日本人，就不能在异国做出给自己国家丢脸的行为。

但是，随着海外旅行自由化的推进，日本游客的意识也发生了很大变化。有人甚至会把酒店的毛巾、烟灰缸、吹风机等用品带回家去，于是在酒店员工中间，从开始的语言问题，发展成了大规模抱怨，不愉快的事情越来越多。虽然这只是我个人的看法，但我认为这是缺乏谦虚心、羞耻感和伦理观的缘故。

在酒店里，顾客把房间里的牙刷和洗发水作为住宿纪念品带走，是被默许的。但是，我们根本没想到毛巾和衣架等属于酒店的备品也会消失不见。

如今，这些东西被顾客们理所当然地带回去，然后又在网上进行拍卖。现在，让我担心日本人的感性是不是出问题了的事情，在酒店里发生得越来越多了。

♛ 为了让大家愉快地遵守规则

那么，在督促顾客遵守规则和礼仪方面，情况又是如何呢？例如，最近在酒店中出现的最多的问题之一就是禁烟。

日本有几个地方的自治团体禁止走路时吸烟，但这些规定几乎都无效。

但是，在国外不一样，美国的很多州都在法律上禁止在公共场所吸烟，哪怕只是一点点，也不会妥协。所以在加利福尼亚州等地的酒店里，吸烟者是很艰难的。一个原因是能吸烟的地方非常有限，另一个是因为酒店的工作人员也会明确告知顾客不行就是不行。

那么，在日本的酒店里，看到有人在禁烟席吸烟的时候该怎么办呢？不知道是真的不小心还是假装视而不见，我们经常能看到上了年纪的人，在禁烟席津津有味地吸烟。

即使是这种时候，在日本也不能直接告诉对方"这里禁止吸烟"，而是要含蓄地表达，给予对方某种照顾。

"不好意思，这里是禁烟区，我们已经为您准备好了可以吸烟的座位，我马上带您去。"然后，一边引导一边轻声细语地说："这个时代对于爱抽烟的人来说，真的是不太友好啊。"

"我以前也吸过，后来因为太麻烦，就戒了。爱抽烟的人真是辛苦。"

到了吸烟区后，可以指着座位说："在这张桌子上，您可以尽情享用。"由于措辞适当，顾客也容易接受。

顾客也许会问："你什么时候戒的烟？""我爱人眼睛生病了，医生说烟雾对眼睛不好，在家里绝对不要吸烟。借这个机会，我就戒了。为了某个人而放弃的话，倒也出乎意料地容易。"像这样，有时候还会产生新的意想不到的话题。

传达正确的内容并不重要，这样的事情小孩也会做，为了让顾客做正确的事情，如何传达才更重要。

> ★小贴士（point）
> 与其说正确的话，不如从能让对方愉快地遵守规则的说话方式开始，这样对方才会配合行动。

"有一个来自海外的重要电话!"

——巧妙地利用团队力量结束顾客的话题

👑 如何结束与顾客的对话

与顾客之间心灵相通、愉快交谈的时间,是其他任何东西都无法替代的。但是,其中也有异常喜欢聊天,会拉着酒店的服务人员一直说话的顾客。

东京丽思卡尔顿的 S 小姐有一些粉丝。S 从横滨的酒店调到东京六本木的酒店,入职了东京丽思卡尔顿,这期间,女性粉丝顾客一直追随着 S 小姐。

总而言之,粉丝顾客们的特点就是特别喜欢聊天。每星期来见一次 S,用 10~15 分钟跟她讲好多故事。有这么热心的粉丝们,对酒店人来说是无上的荣幸,S 小姐当然没有觉得"麻烦"。如果没有紧急的事情,她也会坐在椅子上愉快地倾听。

不过，S也有工作繁忙的时间段。即使知道不能对顾客置之不理，但有时也不得不费尽心思去寻找结束谈话的时机。怎样才能和兴致勃勃交谈的顾客结束谈话呢？确实是个不好解决的问题。

如果单方面地说："我后面还有工作要做，对不起了"，就有可能伤害到顾客的感情。

在这种情况下，最好的办法就是和同事合作。可以提前制定好计划，和同事约好信号，需要时向同事们发出信号，同事就找个借口过来巧妙地结束谈话，带走当事人。为了不让顾客觉察，可以一边说话，一边选择适当的时机发出信号，比如，在背后张开手掌做出"5"的手势，表示着"再聊5分钟，就结束"。

于是，过了5分钟，同事过来说，

"S小姐，国外来了重要的电话！"

"国外的VIP到了，我们在等S小姐哦！"

这里一定要记得"国外"，是保证这种方法有效的关键。

♛ 去带人的最好是"穿着不同制服"的负责人

"由谁去带"也是很重要的一点。穿着同样制服的工作人员说"在别的地方有工作要做"而带走当事人的话，顾客就会有被怠慢的感觉，也有顾客会担心："这个人会不会因为在这里闲聊，而被批评偷懒了呢？"

最好的方法是，让穿着不同制服的负责人（如果是餐厅的话就是总厨师长）来带走她（他）。

"一直以来非常感谢您的厚爱！现在，后面还有一件工作需要商量，可以先借她（他）过去一会儿吗？"

这样一来，既不会损坏顾客的好心情，也能让顾客理解"确实有重要的事情"。

在日常工作中，要提前把"有这样喜欢和我聊天的常客""其实我有这样爱聊天的粉丝"等类似的信息和同事们共享。

只要共享了这样的信息，同事们就可以一边互相帮助，一边在适当的范围内享受与顾客之间的谈话。

★小贴士（point）

不得不结束和顾客的谈话时,事先和同事们约定好信号,请同事们给予帮助。

"连高桥先生也会犯这样的错误啊!"

——只有将失误转化为契机,才能诞生意味深长的故事

■ 像魔术一样,把失误变成快乐的回忆

"享受对方失误的过程,也能成为一个充满神秘气氛的舞台。"专业的工作人员会把如何接纳对方的失误,然后如何修正视为其工作的乐趣之一。

我自己很粗心,经常会在咖啡店把咖啡杯弄倒,或者洒落叉子上的食物。

酒店的顾客当中,也有因过于忘我地说话时,肢体语言幅度过大而碰倒葡萄酒杯的人。

下面就是一个"这么认真、井井有条的人"也会犯这样"粗心大意的错误"的事例。

这种时候,可以立即换一张桌子,但若是顾客太多的时间段,就马上换一块桌布,首先要尽快恢复到让顾客可

以继续用餐的状态。

然后，上完菜，撤下主菜盘子后，再有意识地谈及刚才的失误。这里的秘诀是，不要马上开口。

"哎呀，今天真是少见啊。就算是高桥先生，兴奋时也会犯这样的错误啊。"

这时，说话的重点是让同桌的所有人都能听见。用这句话，也把高桥先生是酒店常客的这一点传达给了他的同伴们。

"高桥先生也会犯这样的错啊，虽然有点抱歉，但我还是很高兴。因为他一直都很严肃，看到这样的高桥先生我反而松了一口气。"

说完环顾一下同桌的顾客们，这样一来，桌子上的紧张感得以放松，大家都露出了轻松的笑容。

年轻人会笑着说："部长平时很可怕的。所以，看到他这样的一面，我们也很高兴。部长也是人啊。"像这样，有时还会开心地喝倒彩。然后，高桥先生会说"你们在说什么啊，那正是充满热情的表现，明白了吗"等等，脸上也恢复了笑容。

发生失误之后，先忽略失误本身，不要马上开口提及，隔一段时间再去搭话，缓解桌子上的紧张空气，这也是专业人员展现专业技能的地方。

♛ 故事只有越过山谷才有深度

餐厅的工作目的不仅仅是提供料理，而是"让顾客度过一段舒适的时间"。

这段时间，既然是在与顾客共享的、一起创作故事佳话的时间，那么自然就有山峰、也有低谷。越过山谷，故事才会有深度。我希望在招待顾客时，一直都能保持这样的从容。

| ★小贴士（point） |
如果顾客发生了失误，首先要像什么都没有发生过一样迅速应对，恢复到之前的状态，过后再将其作为正面话题与对方交谈。用心去做，让失误也变成难忘的回忆。

"这么说来,最近海外出差变少了吗?"

——用轻松话题,缓解紧张空气的专业技巧

▰ 避免纠纷的搭话时机

在服务现场,有时候顾客之间会因为不经意的事情发生纠纷。

但是,作为专业的服务人员,既然站在那个岗位上,就应该有这样的意识:自己要为发生在那里的所有事情负责。

飞机上机长要对飞行中发生的所有事情负全责,所以即使是乘客,也必须听从机长的指挥,如果有不服从指挥的乘客,在有可能危及其他乘客生命安全的情况下,机长有返回机场让该乘客下飞机的权力。

在你负责的岗位上,你就是那个岗位的"机长"。虽然最终可能需要由上司或负责人判断,但我认为应该有自己必须坚守岗位的意识。

只有具备了维护现场气氛的技能,才能成为一流的专业人士。最重要的是,为了避免不稳定的气氛而采取行动、先下手为强。能否凭借自身的能力,将谈话引向温和的方向是关键点。

一般来说,初次见面的顾客之间发生口角,很难发展成纠纷。也就是说,如果发生了纠纷,就很有可能是已经习惯了这个地方的顾客,可能不知不觉已经有了到自家客厅的感觉。

如果顾客发生了口角,我们首先密切关注进展,争吵一定会有停止的一瞬间。这时,你可以试着用突然想起的口吻插入一句轻松的话。

"对了,这么说来,○○先生,最近去国外了吗?"

"上个月您去美国出差了吧?有没有发生什么特别的事情啊?"

我认为只要是与顾客们的口角完全无关的话题,任何事情都可以。通过抛出一个需要稍微花点时间说明的问题,来改变现场的气氛,这可以称得上是一个高级的补救措施。

♛ 通过实践，锻炼判断现场的能力

当然，要想有效地说出这样一句话，要求具备判断现场的能力，还有时机、速度都非常重要。如果错过了时机，就可能发生"我们现在正在说重要的事情！"这样火上浇油的结果。

捕捉到那一刹那的短暂沉默，这段时间，正是双方重新整理自己语言的时候，所以插一句话的效果会超出预想。

计算时机，就像计算顾客从倾斜杯子，到把杯子放到桌上的时间一样。并不是任何人都能很快轻易地掌握。重要的是，时刻谨记工作的目的是让顾客度过美好、舒适的时光。表面上不动声色，但实际上要留出时间认真地观察顾客纠纷的进展情况。

如果是常客，出类拔萃的服务达人会在最开始的3分钟内读懂对方的表情，看样子是高兴还是不高兴？感觉热还是冷？是在赶时间吗？是不是约了和别人见面？是不是在等什么人？是不是比平时话多？等等。你会发现，能够解读顾客内心想法的"材料",出乎意料地多。

> ★小贴士(point)
> 你自己工作场所的气氛,由你来负责。要有意识地学会阅读、判断现场,把握时机和速度,掌握诀窍。

"今天有三组顾客在过生日，时间好像延长了……"

——尴尬的状况也要用"善意的谎言"或"转换话题"，让回忆留在心中

♛ 对顾客说"善意的谎言"

在工作中，要在一定程度上预测出最坏的情况，然后从容地决定应该采取什么样的行动，这是常识。话虽如此，无论经过多么慎重的判断，"意料之外"的状况还是会发生。

有时会有餐厅虽然接受了预约，但到了时间却无法提供餐位的情况。特别是在座位较少的餐厅，营业额会因当天的预约情况受到很大的影响，所以要采取稍微紧凑一点的预约方式。因此，如果前面的顾客时间延长了，就会发生在预约好的时间无法给后面的顾客腾出餐位的情况。

如果不能马上给预约好的顾客准备座位，就只能说明情况。

但是，有时不得不说一些"善意的谎言"，而不是直接告诉对方事实。

"非常抱歉。实际上，今天有三组顾客过生日，气氛太热烈，所以时间好像延长了。"

另外，再附加以下内容也很重要。

"酒吧里正在为您准备饮料，请您再稍候片刻，可以吗？"

"孩子可能饿了吧？我跟厨师说一声，在休息室里等候的这段时间，为他准备点吃的东西。"

顾客的目的不仅仅是按时开始用餐，还在于享受用餐的时间和空间。因此，如果能充分表现出对顾客等待的这段时间的敬意，并表现出餐厅的重视态度，就不会让人感到不快。

但是，如果辩解太多，听起来就像是为了自我防卫的"彻头彻尾的谎言"，会让人难以接受。

用"转换话题"营造超出预期的回忆

我有一个与此相关的小小回忆。

有一天晚上,200多名女士组成的旅行团到达了毛伊岛的酒店,当晚她们预订了夏威夷晚餐。但顾客突然又提出"想去买吃饭时候穿的穆穆裙①"。

这正是"意料之外"的情形。

时钟已经过了七点,出售草裙的店铺几乎都关门了。即使请人家帮忙开门,一家店里也不可能买到200多个草裙。

于是,我立刻说:"今天马上去买东西也可以,但是经过长途旅行,大家一定累了吧,再花2个小时去购物的话,很不容易吧。与其这样,不如明晚在草坪上穿着草裙,可以像夏威夷人一样,光着脚吹着夏威夷的风,一边感受岛屿的气息,一边晚餐,大家觉得怎么样呢?"

当初预订的夏威夷晚餐,现在只要和厨师商量,好歹

---

① 草裙,草裙舞中常见的夏威夷正装礼服。

可以改变一下。把明天预订的美式大陆餐和今天的菜单换一下就行了。这样一来，第二天在观光途中再经过几家店，就能买到所有人的草裙。

这是转换话题的典型的事例。对有强烈的"今天我们想去买草裙"心情的顾客们描绘了"明天，穿着草裙，一边吹着夏威夷的风，一边用餐"这样一幅魅力十足的画面，让她们把目光转向了其他的提案。

当顾客提出意想不到的要求时，首先不要觉得"很为难"，这种时候，其实是和顾客创造更有魅力的故事的机会。一边和顾客交谈，一边了解他们的期望，创造出属于你们的动人故事。

> ★小贴士（point）
> 遇上困难的状况或过分的要求，只要是以让对方开心为目的，就一定能想出其他的解决办法。意料之外的状况发生时，正是让顾客的故事变得更加生动、让人难忘的绝佳机会。

"如果18点，或更晚一点的20点开始的话，我们将很荣幸接受您的预约。"

——无伤大雅的拒绝技巧

♛ 是否传达了"规定"

无论是酒店还是餐厅，都不想拒绝前来咨询的顾客。但是，也有因为座位数量等限制，不得不拒绝的情况。

有些人气餐厅的预约机制，最早是18点可以就餐，然后是20点。也就是说，如果18点入座，就必须在20点前离开，菜单和服务的节奏都是以顾客20点离席决定的。

因此，当顾客打电话说"想预约19点"时，如果回答："本店规定第一预约时间是18点，接下来的预约时间是20点。"

虽然语言听似很礼貌，但给人一种"能预约到我们餐厅就已经很幸运了，那么，您想约哪一个时间段呢？"这样高人一等、让人"不太舒服……"的感觉。

作为店家来说，或许是为了给更多的顾客平等地分配时间才采用这样的机制。但是，以"规定"为出发点的话，顾客当然会不舒服，原因可能就是表达方式不合适。

"谢谢您的电话。非常抱歉，您咨询的时间段，现在正好客满了。如果是稍微晚一点，20点的话，我们很高兴为您服务，您觉得可以吗？"

这样的表达方式怎么样呢？表达的也是"18点或20点的话有座位"的意思，和刚才的例子是一样的。

但是，并没有"被规则强迫"的感觉。

然后配合对方的回答，或者郑重地表示歉意，"衷心期待您的再次垂询"，然后挂断电话；或者说"好的，非常感谢您的预订，20点4位顾客，我们将为您准备好座席。"完成预约就可以了。

> **★小贴士（point）**
> 拒绝的时候，也一定要加上状况和理由，这样的拒绝方式应该能让顾客感受到店铺的诚意。

第6章

建立信赖关系的话语

~信赖产生于点滴小事的不断积累中~

"能占用您 2 分钟吗？"

——为对方着想的只言片语，还能提升自己的形象

你会发现，值得顾客信赖的服务员和顾客谈话时，他们非常重视顾客的每一句话，而且不经意之间，只言片语的措辞和语气就能让人产生"那是个很会替别人着想的人"这样的好评。

♛ 信赖诞生于设身处地替对方着想的心意

比如，我们经常会接到这样的电话："啊，高野先生，您好！我是佐藤。关于前几天的事……"

那么，这个声音……是哪里的佐藤先生呢？说到上次的事，不知是山梨的佐藤，还是广岛的佐藤，还是……瞬间开始烧脑。

同时，也有人会用这样的开场白。

"高野先生，您好！我是○○咨询公司的佐藤。现在能占用您两分钟时间吗？我想跟您谈谈关于前几天○○制药研修的事情。"

例子也许有些极端，但大家应该能够感觉到这两者的差异之大。

"我能占用您两分钟吗？"

对话从这样的询问开始，能让接电话的人掌握大概时间，知道是两分钟左右就能讲明白的内容。

如果正好是在地铁站台上，还可以这样回答：

"不好意思，我马上就上电车，15分钟后回电话可以吗？"

类似的说法还有"现在，可以稍微打扰一下您吗？"。但是，这种说法有点不靠谱（笑）。

我有过这样的经历，电话里对方说"现在，可以稍微打扰一下您吗？"，于是我回答说"没关系"，结果对方说了30分钟左右，想挂电话又挂不掉，当时让我很为难。对我来说，"稍微"的话最多5分钟，但对方的"稍微"却是30

分钟以上。

重视细节，还可用以下的表达方式，"占用您两分钟左右可以吗""下周的星期一和星期三，哪一天您更方便""纸制的企划书和PPT演示，贵公司更习惯哪种风格呢"……像这样，凡事尽量使用具体的表达方式的用心是很重要的。

♛ 产生信赖感的不经意的动作

在会客室等场所，你是否见过这样的情景？来做销售的人把自己的包"砰"的一声放在椅子上，或者更过分的还有放在桌子上的。对方好像不怎么在意，但仔细想想，一般大家的包，经常会放在地铁车厢或食堂的地板上。也就是说，和销售员一起来的包，它的底部和鞋底一样，不是干净的、卫生的。所以，正确的做法是把包放在地板上。

那么在需要脱鞋进入的区域，又该如何正确处理呢？

在需要脱鞋的地方，即使是在地板上，也不能直接放包。为了以防万一遇上这种情况，专业有素的销售员会在包里提前悄悄带一块手帕。需要的时候可以将手帕摊开，把包放在手帕上。当然，也要记得问一句"我可以摊开这个放包吗？"获得对方的许可也很重要。

对方也许会说"不要太在意，就直接放吧"，但一定会对你周到、用心的品质感到惊讶。"这是个讲究细节的人"，对你的好感油然而生，从而萌生"让我们听一听这个人介绍的内容吧"的想法。也许这个不经意的动作，正是让对方产生信赖感的源头。

♛ 将口头表达的情感也付诸行动

对于雨天来访的人，用言语表达"路上不好走吧，谢谢你"，这是谁都能轻易做到的事情。如果在口头表示感谢的基础上再将这种感谢之情付诸行动，效果会怎么样呢？

下雨天，当想到对方"在这样的雨中，路上很不好走吧""鞋子和裤腿都湿了，一定很难受吧"的时候，你能付诸行动的事情有很多。例如，可以在公司门口放上一条毛巾，并写上"如果需要，敬请使用！"的温馨提示。门卫可以一边把毛巾递给顾客一边说"请您擦一擦吧"……像这样，能做各种各样的事情。

并不是说做哪一个正确、哪一个不正确，思考"能为顾客做什么"才是更有意义的。企业的信赖和品牌成长所需要的"食粮"，就隐藏在这些日常的不经意中。

> **★小贴士（point）**
> 用关心对方的话语、不经意的动作，在日常的工作中播下信赖的种子。

"……祝您度过一段愉快的时间!"

——有意识地让自己隐身也是一种款待

♛ 不用语言也能传达的信息

在前面的章节中,我曾举了一个为顾客把沙发朝向窗外的客房服务员的例子,即使不刻意用言语表达,也可以通过表情、动作、行动把自己替对方着想的心意传达给对方。

例如,一脸焦急的顾客和酒店工作人员一同进了一部电梯。顾客焦急地按了好几下 10 楼,酒店工作人员只是默默地站着,没按任何按钮,静静地让自己隐身。顾客在 10 楼下电梯时,工作人员送上一句"祝您度过一段愉快的时光",然后才按 9 楼的按钮,下楼去了。

"10 楼啊,看您比较着急,我先送您吧。之后我再回 9 楼……"尽管没有任何这样的交谈,但是"祝您度过一段愉快的时光"这句话,就已经准确地传达了她对顾客的心意。

如果顾客下了电梯之后,再看到酒店工作人员按了下楼的按钮,那么这个工作人员的心意和姿态,就会强烈地传达给顾客,比所有的话语都更具有冲击力。

♛ "无视对方"也是一种服务

优质的服务不仅限于总是带着高昂的情绪,一边称呼顾客的姓名一边接待顾客。偶尔少说几句,也可以称之为是更加重视纽带联系所做的判断。

那就是"尽量无视对方"。像下面这样,给顾客一段让他们像"透明人"一样的时间,这种接待方式有时候也是必要的。

有一位常客,因为工作,一年 40～50 天都住在酒店。但是,如果感觉到这次完全是私事住宿的话,门童和负责接待的服务员,就都不会像往常那样热情地问候,而只会温和地默默行礼。

虽然是在刻意地与顾客保持距离,但与顾客之间的纽带却紧紧地联系在一起，绝不会断裂。不积极问候，反而传达了酒店时时刻刻为顾客着想的心意。我想，正是因为与顾客之间已经具备了这种温暖的氛围，所以才敢于奉上这种"无视服务"，这和"冷漠的态度"有着本质的区别。

有一位多年来一直利用休息室的顾客，总是喜欢在书的陪伴下，喝着咖啡，享受一段安静的时光。这种时候，就尽量不要进入顾客的世界。要给顾客添咖啡的时候，也要选择顾客摘下眼镜、合上书本的瞬间，再一边说着"给您添点咖啡吧"一边走向前。

虽说是不打招呼，但并不代表不关心或不注意。这是在小心谨慎的基础上，专业人士为了"不破坏顾客周围气氛"的良苦用心。我想这一点也正体现了服务和悦客的区别。

在我看来，理想的服务境界里，包含了"能够消除自身气息"。关键要看服务人员能否在保持存在感的同时，又能消除自己的气息。顾客需要的时候，会马上发现服务人员就在顾客身边，但又绝对不会让顾客感到厌烦、啰唆和多余。遗憾的是，能做到这一点的服务人员出乎意料地少。

当然，我也认为这并非易事。

但是，有些事情即使是新人也能做到。例如，作为服务员，如果服务的顾客正在洽谈商务，就不要妨碍商谈。像平常服务时使用的"请问点了咖啡的顾客是哪一位……"等都可以省略。要默默地端上咖啡，趁顾客不注意时往空杯里加上水及时收拾空盘子……如果顾客正在专注于某件事，就不要发出声音，只需在必要的时候提供必要的服务。

这种时候服务人员采取的这些行动，在顾客看来其实是充满智慧的。

一边保持自己的存在感，一边消除自己的气息，提高服务境界可以从这里着手训练。

> ★小贴士（point）
> 根据实际情况，消除自己的气息，这也是作为专业服务人员的重要技巧，即使不说话也会增加信赖感。

"○○先生，欢迎您的光临！"

——解读对方1秒视线的含义

▆ 接收对方无言的信息

"今天带了重要的顾客来，请千万不要出差错。"酒店的常客有时会向我们传达这样无言的信息。

例如，酒店的常客（假设是山田先生）下车后，对接下来要下车的顾客（假设是铃木先生）态度非常礼貌，并做了引导动作。

在这一瞬间，作为酒店工作人员，必须马上明白今天的主角是谁。

如果是平时，"山田先生，晚上好，欢迎您的光临"，酒店服务人员会把注意力集中在山田先生身上，但在这种情况下，就要尽可能把注意力集中在对山田先生来说很重要的顾客——铃木先生身上。

然后，马上用公司的内部无线电向接线员和前台报告：

"山田先生到了，今天的主宾是与他一起的铃木先生，请通知各部门。"于是，这个信息通过交换台传达到了整个酒店。

从这个信息被共享的瞬间开始，不仅是山田先生，所有工作人员的注意力都集中到了铃木先生身上。然后，对铃木先生也说："欢迎铃木先生，我们在恭候您的光临。"这样，就和山田先生一起，开始了对铃木先生的郑重接待。

这里的重点是，怎样做才能营造出对山田先生和铃木先生都舒适的环境。

也就是说，山田先生这个常客，把对自己来说很重要的顾客带到了我们酒店，选择在这里度过这一段重要时间，酒店就要用行动感谢顾客所做的这种选择。

因此，不需要直接询问，用心注意顾客的一言一行，做到能够接受对方无言的信息，这也要求服务人员要有瞬间判断现场状况的感性。

♛ 站在对方的立场上，不放过每一个瞬间的暗示

如果顾客与酒店工作人员对视 1 秒钟——这是多么强

烈的暗示："现在，我要给你发个信息，请注意接收"，这种无言的信号传递了过来。

可能只是一瞬间的事情，但是，无论多么小的暗示，只要是在用心面对顾客，就一定会捕捉到。

另外，通常因商务活动而入住酒店的顾客，其中有带着太太和孩子，想和家人一起悠闲地度过一段时光的人，有时也为数不少。

如果是这种情形，可能在第一次打招呼的时候，顾客就会用眼神发出"今天不用客气了"的微妙暗示，一定不要错过这样的信号。而且这一天，为了对家人们在一起的时间表示敬意，还要适当控制搭话的次数。这样的随机应变也会成为加强与顾客之间纽带联系的契机。

> ★小贴士（point）
> 要十分注意顾客的视线和状态，确保能捕捉到来自顾客的无言暗示。

"请给我一杯茶！"

——仅仅几个字，就能体现出那个人的感性

♛ 人们信赖那些认可自己价值的人

无论是谁，在自己的存在被认可的时候都会熠熠生辉，此时，对认可自己价值的人还会产生信赖感。而且，"信赖感"在工作中比什么都重要，也是支撑人成长的关键词。

但实际上，很多人每天都在做一些与之相反的事情——听部下来请示工作时，眼睛盯着电脑屏幕头也不抬；有人给我们上茶，也不会说一句感谢的话；在和对方谈话的过程中，频繁地看手表……如果这样待人接物的话，人格本身受到怀疑也是没有办法的。认真面向对方，看着对方的眼睛说话，用心感受交流，信赖的种子才会生根发芽。

♛ 几个字就能改变你在别人心目中的印象

认可对方,并不是意味着一定要用夸张的言语表达。

我们去拜访顾客时,经常在会客室里听到:"您需要来一杯咖啡还是茶呢?"这时,很多人会不经意地说:"啊,来杯茶就好了。"

但是,"来杯茶就好了"这句话中似乎隐含着微妙的含义,"不是只有茶吗?没办法,算了,喝茶就行了"。

当然,可能会有人反驳说:"没这么想,想喝茶才说来杯茶就好了。"甚至还有人会说,这么说是出于谦虚。

那么,与下面的说法比较一下,又是什么感觉呢?"请给我一杯茶"或者"茶很好啊""有茶啊?我真高兴"。你不觉得,虽然只是措辞上的微小差别,但措辞背后隐含的微妙语义的差别却很大吗?

"来杯茶就好了"并不是回应对方感受的语言。从"泡茶"这一点来看,对方是花费了自己的时间,来专门为你泡茶的。如果说"来杯茶就好了",听起来好像有轻视对方行为的感觉。区区几个字，就能改变你在别人心目中的印象。

♛ 该"倾听"的不仅仅是语言

日语里的"听（聞）"字，"耳"字写在"门（門）"中间，"倾听的姿态"不太明确。与此相对，"倾听（聴く）"是由"耳朵+眼睛，再加上心灵"构成的，"倾听的姿态"是非常明确的。

如果感觉到对方在倾听自己说话，他的反馈和评论也抓住了重点，那么就会产生"这个人在认真听我说话"的实际感受，随之也会产生信赖感。

在谈话的时候，这种"我在认真听，我在用心感受"的态度是非常重要的。

我认为，倾听并不是只听对方的"语言"——还要倾听给自己上茶的人，端上温度恰到好处的茶时的用心；倾听在所有人都出来之前，按着电梯"开门"键的人的亲切。所谓倾听，就是思考、感受自己周围的一切。

我认为对于泡茶人的心意,要"用心倾听",倾听能加深与周围人的信赖关系。

♛ 信赖存在于细节之中

俗话说"神来之笔源于细节"。我认为,能够注重细节的人,才能完成伟大的工作。而能否珍惜每一天、珍惜每一次相遇也是同样的道理。

以下是"3·11"东日本大地震之后,朋友发自肺腑的话:

"对于那些想迎接却没能迎接到'今天'的人来说,我们的'今天',也是他们的'今天'。只是我们有幸在使用'今天'。"

也许,今天是这个人最后一次给我泡茶,只要这样想,你就会发现,以前认为理所当然的事情,其实都很特别。由此,可以培养出我们对司空见惯的事情也心存感恩的感性。

★小贴士（point）

细微之处蕴藏着培养信赖感的种子。首先要认可对方，其次，试着一天5次，感受一下对方的心情再采取行动吧。

"司机师傅,一直以来非常感谢!"

——向一起工作的同伴们表示过敬意吗?

♛ "供应商"与"合作伙伴"之间的区别

只靠自己公司的员工是不能完成所有工作的,与专业团体的供应商之间建立信赖关系,对于工作是至关重要的。

顺便说一下,丽思卡尔顿并没有"供应商"这个说法。一起工作的供应商被称为"合作伙伴"。不仅仅是措辞用语的问题,而是每一位员工都有我们是"在与合作伙伴一起工作"这样的认识。

以酒店行业为代表,很多日本企业都沿用着陈旧的体制。

比如面对供应商的立场,到现在还保留着以居高临下的视角称呼"商家"的习惯。我认为其中隐藏着"利用""使唤""压价购买"等语感。

一个公司，作为合作伙伴尊重他们；另一个公司，只单纯要求他们满足公司必要的需求，那么从供应商的立场来看，他们想和哪一家公司合作是一目了然的。

谁在替我们做这些事？

并不是只有签了合同一起工作的供应商才是合作伙伴。

例如，对酒店来说，很多重要的顾客都是从外地赶来的。这时，作为酒店工作人员，即使想去关西国际机场、伊丹机场或者新大阪车站迎接每一位顾客，也是很难做到的。那么担负起这一重要职责的人是谁呢？大多数情况下，是出租车司机。也就是说，司机是为我们带来重要顾客的合作伙伴。

考虑到这一点，自然也就决定了我们应该如何对待司机师傅。

当顾客到达门口时，门童首先要面对的是出租车司机。没必要说出口，但是要瞬间在心里默念"司机师傅，您辛苦了，谢谢您总是送顾客过来。"这种感谢之情，会表现在门童眼中的光芒和面部的表情中，对方一定能感觉到。

"这家公司的员工在很认真地看待我们的工作，也很认可我们的工作，有一起迎接重要顾客的态度。"

其实，就是在这些眼睛看不见的地方发生的心灵交流，培育了我们与司机师傅之间的信赖关系。

快递公司的快递员和邮局的邮递员也是如此。那些重要的行李和邮件，虽然我们想直接送到顾客手上，但这在物理上也是不可能的。那么，是谁在替我们做呢？考虑到这一点，与他们的交往方式自然也会有所不同。

♛ 懂得感恩的职场，温暖和煦

和公司外部人员的"合作伙伴"意识，当然也会体现在公司内部的工作方法上。员工懂得感恩的职场和不懂得感恩的职场，所产生的"职场温度"有着明显的差异。

这里的"温度"不仅指感官温度。当然，每个人都内心温暖和煦的工作场所，感官温度也会变高。一旦踏入这样的公司，如沐春风的气息就会扑面而来，马上能感受到"这家公司好温暖"。相反，如果是一盘散沙、没有纽带联系的公司，会给人凄冷的感觉。

一定要随时对我们的合作伙伴表达感谢之意。对合作伙伴表示感谢，顾客也会觉得"他们也在向公司外的人表达感谢之情啊"，真是个懂得感恩的职场，从而对酒店产生更强烈的信赖感。

信赖关系就是在这样互相表达感谢之意的循环中产生的。而且，懂得感恩的职场中的员工和没有感恩之心的职场中的员工，其他方面暂且不说，内心的成长肯定是大相径庭的。

> **★小贴士（point）**
> 工作中的合作伙伴，在某些方面是代替我们工作的人，不要忘记对他们表示感谢。

"那个顾客我来接待,没问题。"

——逃避令人讨厌事情的瞬间,也失去了同伴的信任

♛ 没有什么问题是逃避能解决的

服务业是每天都要和顾客接触的工作。既有直接见面的、也有通过电话交流的。在每天投入工作的过程中,好事、坏事,各种各样的事情都会发生。

我以前在酒店工作的时候,经常会因为伤心、痛苦的事情而受到打击,也时常会因为委屈、悔恨而感到义愤填膺。年轻气盛的时候,我也曾逃避过令人"讨厌的事情"。但是随着时间的推移,才发现根本没有"逃避"能解决的问题。当"讨厌的事情"出现在眼前的时候,如何面对它,将决定你之后的命运。

特别喜欢"讨厌的事情",这么特殊体质的人很少见。但是,变得很喜欢那个能够面对"讨厌的事情"、能够挑战

自我，这种程度的改变还是可以做到的。

某百货商场，有一位著名的"不受欢迎"顾客。她即使买了衣服，3 天后也一定会来退货。商场检查退货的商品，发现明显有穿过的痕迹。也就是说，接二连三地只在需要的时候穿一下，第二天再来退货。虽然别人觉得即使做这样的事情生活也不会更好，但她本人似乎认为这是一种聪明的生活方式。

话说这位顾客在退货的时候，总是对店员絮絮叨叨地发牢骚——缝制不好、褪色、扣子钉得不合适……想尽办法对那件商品鸡蛋里挑骨头。最后，还会以店员的态度不好为理由而发生争执。

因此，当这位顾客提着购物袋出现的时候，店员们的脸色会一齐变暗，个个低下头，开始猜想今天的受害者是谁。刚才还在场的店长，也像变魔术一样从卖场消失了。

即使是店长，要想从根本上解决问题，也就是改变这位顾客的生活方式，恐怕也不是那么容易的事。但是面对这样的顾客，假设店长总是最先走出去："那个顾客我来接待，没问题"，我认为员工们的人生观会确实因此而发生改变。

至少从店长对待"讨厌的事情"的态度中，员工可以学到很多，得到感悟。至少会看到在工作中享受和享受中工作的区别。当遇上不愉快或棘手的事情时，发挥自己的智慧才能，或者和同事们一起想方设法、集思广益，事情处理妥当后就会产生新的价值。大家也会意识到，工作的真正乐趣也在于此。

♛ 思考"抱怨狂"顾客的真实想法

餐厅里有时会出现"抱怨狂"一样的顾客。"饮料上得太慢了""这个不是都凉了吗""这是怎么装盘的""你们接受的到底是什么培训？"等等，好像不说点什么就不甘心，一副"满腹牢骚"的样子。

虽然很啰唆，但既然来餐厅吃饭，那就是顾客。因此，我们不妨站在顾客的立场上想想看。为什么顾客会在那个时段来餐厅？为什么总是一个人？点了什么样的菜，什么时候会"抱怨"……一边听担当的服务员回答，一边不经意地观察周围的情况，那么可以建立一个这样的假设："这位顾客是不是想和别人说话呢？'抱怨'也许是在制造对话的契机？也许，他特别不擅长处理人际关系？"

下次看到这位顾客时，试一试这么说效果怎么样？（店长也可以为兼职的员工提供这样的建议）。

"今天由我来为您提供服务，如果有不熟练的地方，请您告诉我，我及时改正。"

如果顾客有经常点的菜，也可以这么搭话：

"谢谢您一直以来的惠顾，记得您好像是喜欢热腾腾的烫酒吧？其实，店里刚从东北进了一些这样的酒，如果不介意，您想品尝品尝吗？"

很多"抱怨狂"顾客都会被这招惊得目瞪口呆。然后继续观察他喝酒的样子，再去询问他的感想："怎么样，还合您的口味吗？"上菜时，问问他上菜的时机合适不合适，再试着问问他是否喜欢今天的菜品。这样做的话，无论是谁，都不会犯大的差错，又能离客户更近一步。这样的应对方式，不是店长级别的人，可能很难做到。

如果店长向员工演示了这样的方法，或者将方法传授给兼职员工，那么接待这种"抱怨狂"式顾客的经历，就会大大促进员工的成长。

到目前为止，因为那个顾客"很讨厌"，所以一直在尽量回避、不和顾客说话的兼职员工，如果听到顾客回去前说："今天很开心，菜的味道不错，酒也好喝。以后还会再来，请多关照"，那一瞬间，他的心智会大幅度成长。越是遇上棘手的状况，越是加强团队纽带联系的好时机。

> ★小贴士（point）
> 要想得到同伴的信任，最好的方式是直面棘手的事情。

"有不胜酒力的顾客吗?"

——为了规避风险而收集信息

▰ 事先得到信息的意义

为了规避风险,事先掌握顾客的有关信息很重要。例如,在婚礼等喜庆的场合,因为比平时情绪激动,经常有喝多了的顾客,所以要事先把握谁酒量好,谁不胜酒力。

可以这样若无其事地提前询问:"在您能知道的范围内就可以,当天的顾客中,有不胜酒力的顾客吗?或者有一喝酒就突然变成另一个人的顾客吗?"(笑)如果是朋友或亲戚,应该对这方面的情况了如指掌。

"那个人平时很老实,但是一喝酒声音就会变得特别大,整个人会变个样子"……与同事共享这类信息的话,团队合作就会变得更容易。像"3号桌的木下先生(假设)一喝酒就会变个人"等等这样的信息,只在公司内部提前互相沟通确认。

事前掌握信息，最终是为了保证宴席的愉快气氛。如果事先知道木下先生不胜酒力，就会注意木下先生的饮酒节奏，并采取一些对策，比如推迟给他倒酒的时间，或者增加添水的次数等。

一边往周围出席者的杯子里添水，一边不厌其烦地往木下先生的杯子里倒水。如果看到木下先生没有喝水，就可以说"对不起，我没有注意到面包屑，马上给您换个新的杯子。"找个借口，更换水杯也是不错的方法。

作为一般人的心理，当水杯递到眼前，听到"这是一杯新水，您请慢用"的时候，就会不由自主地产生想喝的意识。这是为了引导大家对"水杯"产生关注（当然，真的没有面包屑也没关系）的诱导。另外，看到周围的人喝水，本人也会觉得想喝水。营造这样的氛围，也是酒店工作人员的职责之一。

作为工作的行家，要清楚破坏现场气氛的风险是什么。通过事前了解受邀顾客的特点，能规避大半的风险。

信息可以是知识，是经验值，也可以是技能。通过活用这些信息来控制风险，让顾客觉得"婚宴定在这儿真好"，"信息"就又转化成"感情"了。

能否将信息转换成感情，这也是"原地踏步的工作人员"和"以一流服务水平为目标的专业工作人员"之间的差距。

> ★小贴士（point）
> 为了规避预期的风险，首先要做的就是收集顾客的信息。

"感谢您的指正!"

——对顾客的意见,按照"20分钟原则"进行对应

♛ "对不起"和"谢谢"的区别

我认为"谢谢"是非常优美的语言,它能传达至人的内心,奏响感恩和感动的旋律。

但是,不知从什么时候开始,我们开始用"对不起"代替"谢谢"的情况变多了。

有人端茶给我们,我们说:"不好意思,对不起(麻烦你了)";有人递给我们盐和胡椒,我们也会说"对不起(麻烦你了)";"你这个东西掉了","啊,对不起!(给你添麻烦了)";有人给我们让座位,"不好意思,对不起了"……

真的是经常能听到"对不起"。但是,"对不起"原本是道歉用的言语。

当别人为你做了什么事情时，不应该道歉，而应该表示感谢。"谢谢你，帮了我大忙"；"谢谢你，多亏你的帮助，终于赶在最后期限前完成了"；"承蒙您的关心，谢谢您了"；"当时您是狠心训斥我的吧，现在我也终于能理解了，真的非常感谢您"。我还是觉得"谢谢"是非常优美的日语。

不过，也有人会这么反驳吧。

"'对不起'也是感谢的语言。'对不起提了这么困难的请求''对不起为了我辛苦你了''对不起让你加班到很晚'……怎么样，这些也是在表达感谢的心意，不是吗？"

不可否认，"对不起"确实包含着微妙的感谢意味。但是，即便如此，听到的人感觉到的与其说是感谢，不如说是道歉，这也是事实。

当你为别人做了什么的时候，你是想被道歉？还是想被感谢呢？我们有时也会因为想要看到对方的笑脸和安心的表情，而为对方做点什么。如果是这样，令人感到高兴的还是"感谢"的话语。

♛ 受到批评时，首先要表达"感谢之情"

"对不起""很抱歉"等道歉的话，当然也是很重要的日语。当顾客为我们指出什么问题的时候，谦虚地接受并首先回答"对不起"是很必要的，但是，同时也要表达"感谢"的心意。

例如，如果顾客指出"洗手间有点脏"，对此，不要只是说"对不起"，还要说"谢谢您告诉我们，对于给您带来的不愉快，我们深表歉意。"要像这样，从表达感谢的话语开始说起。

当然，仅仅停留在口头上的感谢是没有意义的，表达了感谢和歉意之后要马上付诸行动，速度感是建立信任最重要的因素。

如果洗手间正好在自己的职责范围内，能马上就去的话，就直接去打扫干净。如果去不了，就马上和负责人联系，告诉他："从顾客那里收到了这样的意见，能请你确认并清扫一下吗？"

👑 丽思卡尔顿的"20分钟原则"

丽思卡尔顿有个"20分钟原则",是在顾客指出问题后,要在20分钟内做出回应(对于面对面提出的问题,原则是要立即回应)。

假如顾客从外面回到房间,对正在打扫客房的服务员说:

"我刚刚去了泳池,大毛巾完全不够用,用过的毛巾也混在一起,这样不好吧?"

"真是非常抱歉,谢谢您告诉我们,您的毛巾够用了吗?"

客房服务员要暂停自己的清扫工作,马上到走廊上给泳池负责人打电话:

"刚才,我收到了从泳池回来的顾客的意见……能帮我确认一下泳池那边的情况吗?"

然后过了20分钟左右,游泳池的负责人给顾客打电话:

"刚才从客房工作人员那里收到了关于毛巾问题的联系,非常感谢您的指正,这是一个非常严重的失误,给您添麻烦了,我们真的非常抱歉。"

"明天我们会准备很多毛巾,并恭候您的再次光临。"

我认为20分钟,既不快也不太慢,是个绝好的时机。

不能马上处理的情况下,20分钟后报告一次进程。比如设备需要修理的情况下,有时20分钟是完不成的。然后在24小时内,再反馈结果"我们采取了这样的措施,如果您还有注意到的地方,请不吝赐教。"如果顾客已经从酒店退房,也可以用邮件联系告知。

仅凭这一点,就能传达出酒店对顾客的真诚态度。

顾客的指正是产生信赖的机会。迅速的应对和充满感谢之情的处理汇报,会让顾客觉得"厉害,做得真是太好了"!这正是展现专业人士的傲气和用心的地方。

> ★小贴士（point）
> 从顾客那里收到指正的意见时，首先要表达感谢之情。之后，在20分钟内迅速应对，处理完成之后再次道谢并汇报结果。无法立即应对的情况下，也要报告经过。

第7章

享受工作的一句话

~专业人士重视的工作立场~

"谢谢您!"

——丽思卡尔顿最珍视的一句话

♛ 感谢带来的伟大力量

在丽思卡尔顿,最常用的一句话就是"谢谢您"。

"谢谢您"这句话虽然是在对顾客表示感谢,但实际上也是对自己的回应。

发自内心地说"谢谢"的人,应该能感受到这句话又会回到自己身上。反过来说,不认真说"谢谢"的人,自然感受不到这句话的回应。

丽思卡尔顿认为,创造利润、让公司生存、让员工幸福的重心正是懂得感谢的精神。

当我们发自内心地说"谢谢"时,内心就会涌现出积极的能量。这种能量会与对方产生共鸣,转化成更大的能量又返回到我们这里来。正因为知道这个巨大效果,所以丽思卡尔顿经常使用它。

值得感谢的事情不胜枚举。

"幸亏有这些顾客,我们公司才得以站得住脚。"

"因为有这些一起工作的伙伴,我才能工作得这么开心。"

"多亏了上司对自己严厉,才有了现在的我。"

"合伙人的智慧和支持,让公司得以正常发展。"

"外出时,有家人嘱咐我,'路上小心';回家时,有人迎接我,'辛苦了'"……

我想,生活中只有对自己周围的环境和人,带着发自内心的感恩之情的时候,才会产生"谢谢"这个词。

▍通过感谢培养感性

如果在车站的"立食荞麦面店"和一些"快餐店"观察,就会发现吃完饭出来的顾客里,几乎没有人会说"承蒙款待"。

"承蒙款待"也是在表达感谢之情。"承蒙款待（ご馳走さま）"的日语汉字是"馳走"，也就是说，为了这一餐一食，从种植作物的人，到搬运的人、加工的人、做饭的人……大家都跑来跑去，四处奔忙劳作，用餐的顾客对此饱含感谢之情，汇成了一句"承蒙款待"（也就是在表达，感谢大家的奔忙劳作，谢谢款待之意）。

只要意识到这一点，说话的方式就会发生变化。即使刚开始有些不自然，或者有些不好意思，也要有意识地尝试着说"谢谢""承蒙款待"。

这和俯卧撑、仰卧起坐等肌肉锻炼是同样的道理。在坚持的过程中，肌肉就会得到锻炼，首先具备正确的"姿势"，"姿势"又会带来"气势"。另外，在替对方着想的过程中，自己的感性也会得到培养，注意观察判断事物的能力也会得到相应的提升。

"谢谢"是一句让说的一方和听到的一方都感到高兴的话语。

为了让所有人都能幸福地享受工作，让我们更加积极地说"谢谢"吧。

> ★小贴士（point）
> 对周围的环境和人的感恩是工作的根本之所在，真诚的"感谢"之情又都会回到自己身上。

"对方也是我们重要的顾客，可以介绍给您认识吗？"

——联结常客的高级技巧

♛ 常客同时光临的时候……

正在和一位常客热情交谈时，如果有其他常客光临，该怎么办呢？想完美地接待每一位顾客，却又不能中途打断这位顾客的谈话，另外一位顾客会不会失望呢？如此进退两难的事情，是不是经常发生？

不言而喻，一个人不可能接待所有的顾客。所以，在一个团队里互相帮助，共同接待顾客是大前提。

但是，专业的服务人员还会想到如果介绍顾客们互相认识，会不会让顾客们更满意。

话虽如此，也不能一开始就说"这位是〇〇先生，可以让我介绍一下吗？"，而是要营造一种顾客主动开口说

"请介绍一下那位顾客"的氛围。

♛ 顺着共同的话题搭话

例如，三张桌子上有三组顾客，服务员可以为三张桌子设定一个共同的话题。其中料理的食材、葡萄酒等特别容易成为话题的开端。

如果觉得顾客对葡萄酒感兴趣，就谈论葡萄酒，但是要稍微大声一点。

"上次〇〇先生介绍的〇〇葡萄酒，我在家里开了一瓶试了，味道果然不一样，能感受到不愧是酿造者亲手制作的。"

这样一来，就能从背后感觉到对方有意无意地在注意这边的谈话。之后，等主菜上完，再把葡萄酒的话题放到另一张桌子上。即使是自己知道的知识，也可以听顾客讲述。

"今天的食材怎么样？〇〇先生，为什么会选择这款葡萄酒呢？"

"其实我最近对这款葡萄酒很感兴趣，因为这种葡萄酒的酿酒师是……"这时我能感受到另一张桌子上的顾客竖起耳朵倾听的感觉。然后转移到第三张桌子，继续围绕葡萄酒展开话题。

"○○先生，上个月去了加利福尼亚纳帕的酒厂吧，怎么样啊？"

"太棒了，比波尔多还让人感动，因为……"

至此，已经以葡萄酒为关键词进行了现场布局。然后再次回到第一张桌子，"今天来了很多懂红酒的顾客，我也做着这样的工作，开心得不得了"。

听到这话，旁边桌子正在留意谈话内容的顾客会说：

"来了哪些顾客啊？方便的话，可以介绍给我啊。"

接下来就只剩下介绍互相感兴趣的顾客们认识了。

"○○先生，不好意思。今天也来了一位喜欢葡萄酒的顾客，如果方便的话，可以介绍您认识吗？"

顺利的话，还可以把三桌顾客拉到一起。话题已经播好了种子，接下来，就留给顾客们一起享受葡萄酒话题的乐趣了。

♛ 如何提高对方时间的价值

如果有重要的顾客们同时在场，比起自己一个人应对，像这样建立顾客之间的联系，或许能获得更有价值的体验。这是我在美国学到的内行享受工作的方法之一。

怎样才能让顾客们的时间变得更有价值呢？如果认真追求结果，或许就是成为联结顾客之间的媒介。思考得越多，工作的范围就越宽广。

> ★小贴士（point）
> 怎样才能让顾客的时间变得更有价值呢？从这个问题开始思考，就会发现很多新的工作方法。

"欢迎光临，〇〇先生！"

——记不住的姓名用团队合作来填补

♛ 称呼顾客的姓名是最基本的要求、最基本的服务

对任何人来说，能像美妙的音乐一样余音绕梁的词语，就是他自己的名字。

在名人等公众人物中，偶尔也有人想避免被人叫自己真名的人，因为他们认为那是隐私，但是一般人都喜欢别人称呼自己的名字。

从出生到离开这个世界，姓名是一直伴随着自己的一个身份。听到自己的姓名，能感觉到别人的关心，是一种存在感的证据，这可能与满足作为人的基本需求有关吧。

在酒店，当顾客要求退房或兑换货币时，可以确认一下房间号，这样马上就能知道顾客的姓名。从那一刻起，

就可以对顾客说:"祝愿您度过愉快的一天,○○先生。"

丽思卡尔顿非常重视"称呼顾客的名字"这件事情。它意味着全体员工关心每一位顾客,并在表达他们对顾客的感激之情。在名为"信条卡"的卡片上,记载着"优质服务三步骤",它汇集了丽思卡尔顿的服务理念和经营哲学,优质服务三步骤:

1. 热情和真诚的问候。

称呼顾客的名字。

2. 预见并满足每一位顾客的需求。

3. 告别。

向顾客热情地说再见,并称呼顾客的名字。

我想你可能已经注意到了,"信条卡"上并没有使用"尽量称呼顾客的名字……"或者"尽可能称呼顾客的名字……"这样的表述,当然现实应对中的确如此。每一个员工都是认真地对待所有的顾客,都是以"称呼顾客的名字"的姿态来工作的,因为这样做,的确会拉近与顾客之间的距离。

对多次光临的顾客只问候"欢迎光临"是不够的,而应该说"欢迎您回来,○○先生(女士)",这样才能切实表达出酒店的感谢之情。

♛ 通过团队合作从旁协助

其实,也有人很不擅长记别人的姓名,我就是这样。经常会在演讲会等场合,发生对方很了解我,我却怎么也想不起对方姓名的情况。

我在酒店工作时也遇到过同样的事情。

那时候可以依靠的就是一起工作的同事们,记忆力好的同事会注意到我的窘境,然后不动声色地接近我,替我解围。

"○○先生,除了酒店大厅咖啡厅,您还经常来日本料理用餐吧?"

"这么说来,前几天是您女儿的生日吧。○○先生,谢谢您一直以来的厚爱。"

就这样，同事一边跟顾客说话，一边向我传达了信息。好几次，我都是这么想起了顾客的姓名，"对了，是〇〇先生"，才松了一口气。有时会由此开始新的对话，有时唤起以前的记忆，"……对啊，对啊，那时候确实是那样"，也会这样和顾客一起沉浸在对往事的回忆中。

在酒店，每天要接触很多顾客，一个人要记住所有顾客的姓名是不可能的。但是，通过同事之间的互相帮助，就能覆盖比一个人的记忆范围多好几倍的姓名。

♛ 尽早共享信息，让接待工作有更大的施展空间

在互相配合的工作方式中，尽早把顾客的姓名告诉其他工作人员是很重要的。

从到达的出租车后备厢中取出顾客的行李是门童的工作。这个时候，迅速读取姓名标签，然后，在把顾客交给负责接待的服务员时，称呼顾客的姓名："〇〇先生，这位服务员会带您去前台。"

这样就和接待员共享了顾客的姓名。在电梯里接待员会搭话说："○○先生，市内的道路很拥挤吧？现在正是赏花的季节，从酒店房间里可以俯瞰到市内的樱花，很漂亮哦。"在此期间，门童会通过无线电向前台发送消息："预约的○○先生到了，接待员佐藤正在带路。"

有时候前台有很多顾客，这样一来，前台的工作人员就能知道佐藤带路的是○○先生了。

然后，前台的工作人员才能用"称呼顾客的名字"的形式来欢迎顾客："欢迎○○先生，我们在恭候您的光临。"

像这样，可以充分利用团队合作，共享顾客的姓名。

当然，除了顾客的姓名外，还能从顾客那里听到很多信息。例如，刚从工作多年的公司退休、结婚10周年纪念旅行、现在正在沉迷于甲州葡萄酒[①]等等。先把这些事项记在笔记本上，然后尽快通过信息管理系统与其他员工共享。

---

① 甲州葡萄，属酿酒葡萄中的一种，用以酿造白葡萄酒，目前主要的种植区域是日本。

尽可能多地了解顾客，才会让接待工作有更大的施展空间，更好地完成接待工作。

> ★小贴士（point）
> 尽量称呼顾客的姓名。如果不擅长记忆，就借助团队合作的力量。

"请大家一起来做规格说明书"

——最大限度地发挥合作伙伴的力量

平时向合作伙伴表达感谢之情是理所当然的,但作为工作上的专业人士,向他们表示敬意也同样重要。因为只有建立了相互尊重的合作伙伴关系,才能最大限度地发挥他们的潜能。

♛ "规格说明书"给他们就可以了吗?

对于酒店来说,婚礼是一项重要业务。

通常,酒店会定期举办婚礼展销会,首先从请顾客来酒店,让顾客觉得感兴趣开始。情侣来到酒店后,由婚礼负责人进行说明,待顾客决定后再提出具体的方案。

"菜式有日式、西式和中式,您考虑定哪一种?我们酒店……""您有什么特别喜欢的鲜花吗?我们的流程表中可以为您推荐的花束是……""桌布的颜色……"。除此之外，香槟、葡萄酒的选择，播放的音乐等，都要一一落实到"规格说明书"中。

将记载了详细内容的"规格说明书"分别交给负责各个部分的商家的合作伙伴，进入让他们为当天的婚礼做准备的阶段。然后合作伙伴的工作人员们会按照规格说明书，开始这个婚礼舞台的制作。除此之外还有很多细节，但酒店婚礼的基本流程大致如此。

♛ 没有规格说明书

但是有一次，一位酒店员工突然产生了疑问。

"我们是否充分利用了合作伙伴们所具备的所有能力呢？"

然后，他就在不触犯个人隐私的范围内，和顾客进行了彻底的交流。当然，并不是生硬的询问式提问，而是营造了一种让顾客愿意主动表达的、轻松闲聊的气氛。

"看你们两个人的样子，好像有什么戏剧性的邂逅，是大学恋爱吧"（笑），或"是不是你们两个有相同的兴趣爱好？"或者"你们的父母一定很高兴吧？"等等，顺着这样的背景，话题逐渐深入展开，注意倾听，就能找到自己需要的信息。

然后他了解到了很多顾客的经历和希望。新娘的父亲过世得早，是母亲独自含辛茹苦抚养长大的……困难时邻居们帮了不少忙，有一些一定想要邀请的顾客……同时还发现了一个新娘没有说出来的心愿——婚礼虽然是为两家而举行的仪式，但在她心中，还想把这个仪式当作对母亲表达感谢之情的舞台。

他把这些听取到的事项仔细罗列成"征询意见表"，代替"规格说明书"交给了合作伙伴。然后做了这样的请求和安排，"这次举行婚礼的情侣是这样两个人，能不能请大家为两位新人和来参加婚礼的顾客们编导一场刻骨铭心的婚礼呢？一周后，我想就这个企划的细节进行一次详细讨论"。

"规格说明书呢?"

"没有规格说明书,一切都依靠大家的智慧才干,希望大家能够为他们设计出最好的舞台。"

一开始,合作企业的负责人也会感到困惑,没有方向。但是,在阅读"征询意见表"的过程中,就会浮现出他们自己独特的婚礼计划。而且合作伙伴之间也开始主动交换信息。灯光、音乐、鲜花、花束、桌布、娱乐、蜡烛、蛋糕、料理等等,一应俱全,所有事项都被逐渐完善、落实。

▰ 激发内行的创作灵感也是专业人士的工作

在约定好的一周以后,婚礼企划书完成了。

这是一份让他目瞪口呆的企划书,因为这个提案实在是太精彩了。

"太棒了!连这样的事情也能做得到吗?以前为什么一次都没有给过我这样的建议啊?"

"迄今为止,都有规格说明书,我们只是按要求制作,你也从来没有说过要我们自己编导设计一个婚庆舞台啊。"

"哎呀，是我错了，内行做工作确实就是这样。"

"你们也是专业的酒店人和销售员，如果能让顾客再多增加一些预算，还能这么做……"

一边说，一边竟然拿出了 B 方案。眼前是一个与最初的计划完全不同，充满了奇思妙想的新方案。当看到这一幕时，他已经张口结舌，没想到惊喜又接踵而至……

"如果预算还有富余，我们还可以做这些事情"（笑）。就在计划 C 也摆在面前的时候，他已经佩服得五体投地。

"我想由衷地向大家道歉。之前，我不太知道大家的实力。你们拥有如此卓越的能力，我却没有为你们提供大显身手的舞台，实在是太可惜了。"

没有比发现自己"什么都不知道"的瞬间更能让人成长的事情了。因为意识到了自己的无知，所以能够反躬自问，更坦率地倾听，他向合作伙伴们鞠躬请教：

"我以前什么都不懂，以后请大家不吝赐教！"

听了他的话，合作伙伴们会不会觉得"你们真的是一无所知"，而看不起他们呢？如果对方是专业人士，我想应该会对他说："周末，来我们公司吧，我那儿有很多DVD，给你看看，可以做参考。"这样一来，双方作为专业人士的纽带联系就会更加紧密。

如果收到对方这样的提议，当然要回答"十分感谢，我一定会邀请朋友们一起去拜访你"，然后，把学习的机会扩大到同事圈。当然，这样与合作企业之间也建立了更加牢固的信赖关系。

真诚地表达自己的想法，对方也会真诚地回应。而且，通过这段历练，成长最快的不是别人，而是你自己。

> ★小贴士（point）
> 相信合作伙伴们的实力，通过自由发挥、配合协作，也许能实现最完美的计划，因为那里有各方内行的提示和建议。

"在您到达之前,我会把香槟放到房间里。"

——你的应对让顾客成了"常客"

♛ 常客的心意

丽思卡尔顿的常客远藤先生(暂称)在冈山举办的学习会上与认识的一对夫妇重逢,并知道之后他们将乘同一班新干线离开。在回程的列车上,他们聊着久别重逢的话题,时间很快就过去了。

在讨论学习会感想的间隙,远藤先生不经意地问道:

"对了,今天你们就这样回东京家里吗?"

"不是,其实今天是我们结婚10周年纪念日,所以我们打算在大阪丽思卡尔顿住一晚,我已经预订了房间。"

听了这话的远藤先生,想为对自己来说很重要的这对朋友夫妇做点什么庆祝一下。但是没有多少时间就要到新大阪车站了。远藤先生假装是工作上的电话，站起身，在新干线上给丽思卡尔顿打了个电话。

"晚上好。我是一直以来承蒙关照的○○咨询公司的远藤。今天，我的一对很重要的朋友夫妇○○正在去酒店的路上，好像预约了住宿。不知道能不能拜托用我的名字，在房间里放一瓶香槟，再附上一张'恭祝结婚10周年快乐！'的卡片？"

"远藤先生，您好。非常感谢您一直以来的支持。您的朋友是今晚到达的○○先生吧？确实有预约，请问大概几点钟能到达酒店？"

"现在已经过了新神户，9点左右应该能到。"

"好的，明白了。那么，在○○先生到达之前，我们会把远藤先生的卡片和香槟一起送到房间里，非常感谢您一直以来的厚爱。"

大概3分钟后，远藤先生若无其事地回到座位上，继续他们的谈话。

你能想象得到夫妇俩走进酒店房间时的惊喜吧。就这样，通过丽思卡尔顿的密切配合，实现了常客们的心愿，不断地为顾客们编织着神秘的感人故事。

♛ 享受与对方的密切配合

那么，常客有这种心愿时，大多数酒店会怎么做呢？

"感谢您的来电。关于您的请求，属于客房服务部负责，我现在把电话转给负责人，请您稍候。"

客房服务部的负责人回答："远藤先生，不好意思，这笔费用是由您来支付对吧？现在这个时段，财务部已经关门了，我们没有办法确认您的支付方式，我们和贵公司有公司支付协议吗？或者您可以先告诉我们您信用卡的卡号，明天早上再由财务部与您联系。"

接着又问："香槟的话，请问您的预算是多少呢？现在，我们可以准备的有……"这样地无休无止地持续下去。

虽然是认真对待，但是这样的应对方式欠缺对远藤先生的体谅和关怀。常用信息只要敲一下电脑，瞬间就能得到确认结果。而且因为是常客，所以这里没有必要担心支付问题。再者，到目前为止顾客的消费倾向电脑信息里都有记载，所以预算可以在挂断电话之后再查询判断。

"常客"是指那些已经与酒店建立起了信赖关系的顾客。

这里最应该优先的是远藤先生"想让重要的人高兴"的心情。远藤先生也在想象着朋友夫妇俩走进房间，看到带有贺卡的香槟时的表情。如果是一个懂得款待顾客的悦客专家，那么和常客一起享受这种协同合作的乐趣，就是作为悦客专家应有的状态。

这个事例，正好实践了丽思卡尔顿信条卡中记载的服务准则的第一条，"建立良好的人际关系，长期为丽思卡尔顿吸引客户"。

> ★小贴士（point）
> 信赖建立在与对方的纽带联系之上。你是不是因为一些鸡毛蒜皮的小事而做了无用之事？

"我们试着改变一下桌布以让菜肴摆放起来更美观,怎么样呢?"

——不仅仅要"提供美食",还要考虑如何漂亮地"提供美食"

♛ 以内行的身份"工作"

我每次在日本的酒店或餐厅吃饭,都会觉得"很可惜"。那就是每次服务员把饮品或菜品端到餐桌跟前的时候,都要这样问:

"点啤酒的顾客是?"

"喝乌龙茶的顾客是哪一位?"

"要了牛排的顾客是?"

"咖喱的顾客呢?……"

这不是记忆力的问题,其中体现了服务员对待工作的态度问题。

只要稍微训练一下，从饮品到前菜、主菜，10人左右的点餐都能记得住，还可以写在便笺上，所以应该没有必要一一确认。

更进一步地，在顾客不注意的时候，把葡萄酒倒进酒杯，水杯不知不觉中也被添满了。当顾客们沉浸在谈话中的时候，不打招呼地推进服务，是内行服务人员普遍都能做到的事情。

也就是说，一个服务人员，只是在为饮品和料理的配送而"工作"，还是在为顾客提供最好的体验和故事而"工作"，这两者的差别就体现在这里。

顾客不只是为了把食物塞进肚子里才来餐厅的。对顾客来说，在这里和重要的家人、朋友或者特别的人在一起度过的时间，包括料理在内的整个餐厅舞台都是整个"故事、梦想"的一部分。而作为服务人员，是在从事一份配合顾客创作出一个个精彩故事的、非凡的、美好的工作。

当然，餐厅并不是唯一向顾客传递梦想和故事佳话的舞台。

商场里销售商品的售货员,各种各样的接待人员、引导人员,面向企业和个人的销售负责人,各领域的咨询顾问等等,几乎所有与顾客相关的人,都在向顾客传递梦想和故事。既然是这样,那么和餐厅同样,仅仅"提供服务"是不够的。

♛ 磨炼"美味地提供"美食的感性

那么,如何才能让"工作人员"成长为"行家"呢?虽然每个人的素质和品位都存在差异,但更重要的是,是否在训练成为工作行家的感性。

比如在餐厅里,当所有员工都到齐的时候,你可以轻松地玩个这样的游戏。

"大家一起试着写一下从'提供美味料理'这句话中能联想到的东西。"

于是,

"现在正是竹笋最好吃的季节,我觉得用它做的菜比较好。"

"电视上说洄游的鲣鱼很好吃。"

"中国蔬菜很流行。"

等等，会有各种各样的想法。

接着再提出这样的建议：

"这次我们再改一个地方，'美味地提供料理'怎么样？"

"给情侣的顾客们，我们送烛光晚餐吧。"

"要不要把桌布换成和饭菜搭配的样子？"

"在装饰桌子的花上也可以花点心思。"

"如果是单间，播放顾客喜欢的音乐也不错。"

即使思考"提供美味料理"的方法，也没有考虑到桌布和音乐。但是，一旦开始考虑"美味地提供料理"，脑海中就会浮现出包括气氛在内的一切因素。

当然，这样的头脑风暴一个人也能完成。但是，如果有同伴，和同伴一起构想，我觉得更能磨炼彼此的感性。而且受同伴的感性刺激，通过与同伴比较，也能切实感受到自己的成长。

自主工作的瞬间

仅仅提供厨房创造的"美食",是被动的工作方式。但是,从开始思考"美味地提供"食物的瞬间开始,自己就不得不更加主动、积极地工作,参与到舞台创作中来。

这一点,我想根据行业的不同,可以用"快乐地""美丽地""温柔地""开朗地"等等来代替"美味地"。提供给顾客的商品和服务,如果只是单纯地提供,可能也就只能以商品结束。只有具备了合适的提供方式,梦想和故事才有开端。

如果对职业道路有所觉悟和向往,就要有意识地"思考"。这和肌肉训练是同样的道理,每天孜孜不倦地反复"思考",磨炼自己的感性,就能拥有强健的感性肌肉。

> ★小贴士(point)
> 谁都可以把别人做的美食单纯地提供给别人。从开始思考自己能做什么事情开始,被动工作就会慢慢转化为自主工作。

关于"服务的细节丛书"介绍：

东方出版社从 2012 年开始关注餐饮、零售、酒店业等服务行业的升级转型，为此从日本陆续引进了一套"服务的细节"丛书，是东方出版社"双百工程"出版战略之一，专门为中国服务业产业升级、转型提供思想武器。

所谓"双百工程"，是指东方出版社计划用 5 年时间，陆续从日本引进并出版在制造行业独领风骚、服务业有口皆碑的系列书籍各 100 种，以服务中国的经济转型升级。我们命名为"精益制造"和"服务的细节"两大系列。

我们的出版愿景："通过东方出版社'双百工程'的陆续出版，哪怕我们学到日本经验的一半，中国产业实力都会大大增强！"

到目前为止"服务的细节"系列已经出版 117 本，涵盖零售业、餐饮业、酒店业、医疗服务业、服装业等。

更多酒店业书籍请扫二维码

了解餐饮业书籍请扫二维码

了解零售业书籍请扫二维码

"服务的细节" 系列

书　名	ISBN	定　价
服务的细节：卖得好的陈列	978-7-5060-4248-2	26 元
服务的细节：为何顾客会在店里生气	978-7-5060-4249-9	26 元
服务的细节：完全餐饮店	978-7-5060-4270-3	32 元
服务的细节：完全商品陈列 115 例	978-7-5060-4302-1	30 元
服务的细节：让顾客爱上店铺 1——东急手创馆	978-7-5060-4408-0	29 元
服务的细节：如何让顾客的不满产生利润	978-7-5060-4620-6	29 元
服务的细节：新川服务圣经	978-7-5060-4613-8	23 元
服务的细节：让顾客爱上店铺 2——三宅一生	978-7-5060-4888-0	28 元
服务的细节 009：摸过顾客的脚，才能卖对鞋	978-7-5060-6494-1	22 元
服务的细节 010：繁荣店的问卷调查术	978-7-5060-6580-1	26 元
服务的细节 011：菜鸟餐饮店 30 天繁荣记	978-7-5060-6593-1	28 元
服务的细节 012：最勾引顾客的招牌	978-7-5060-6592-4	36 元
服务的细节 013：会切西红柿，就能做餐饮	978-7-5060-6812-3	28 元
服务的细节 014：制造型零售业——7-ELEVEn 的服务升级	978-7-5060-6995-3	38 元
服务的细节 015：店铺防盗	978-7-5060-7148-2	28 元
服务的细节 016：中小企业自媒体集客术	978-7-5060-7207-6	36 元
服务的细节 017：敢挑选顾客的店铺才能赚钱	978-7-5060-7213-7	32 元
服务的细节 018：餐饮店投诉应对术	978-7-5060-7530-5	28 元
服务的细节 019：大数据时代的社区小店	978-7-5060-7734-7	28 元
服务的细节 020：线下体验店	978-7-5060-7751-4	32 元
服务的细节 021：医患纠纷解决术	978-7-5060-7757-6	38 元
服务的细节 022：迪士尼店长心法	978-7-5060-7818-4	28 元
服务的细节 023：女装经营圣经	978-7-5060-7996-9	36 元
服务的细节 024：医师接诊艺术	978-7-5060-8156-6	36 元
服务的细节 025：超人气餐饮店促销大全	978-7-5060-8221-1	46.8 元

书 名	ISBN	定 价
服务的细节026：服务的初心	978-7-5060-8219-8	39.8元
服务的细节027：最强导购成交术	978-7-5060-8220-4	36元
服务的细节028：帝国酒店 恰到好处的服务	978-7-5060-8228-0	33元
服务的细节029：餐饮店长如何带队伍	978-7-5060-8239-6	36元
服务的细节030：漫画餐饮店经营	978-7-5060-8401-7	36元
服务的细节031：店铺服务体验师报告	978-7-5060-8393-5	38元
服务的细节032：餐饮店超低风险运营策略	978-7-5060-8372-0	42元
服务的细节033：零售现场力	978-7-5060-8502-1	38元
服务的细节034：别人家的店为什么卖得好	978-7-5060-8669-1	38元
服务的细节035：顶级销售员做单训练	978-7-5060-8889-3	38元
服务的细节036：店长手绘 POP引流术	978-7-5060-8888-6	39.8元
服务的细节037：不懂大数据，怎么做餐饮？	978-7-5060-9026-1	38元
服务的细节038：零售店长就该这么干	978-7-5060-9049-0	38元
服务的细节039：生鲜超市工作手册蔬果篇	978-7-5060-9050-6	38元
服务的细节040：生鲜超市工作手册肉禽篇	978-7-5060-9051-3	38元
服务的细节041：生鲜超市工作手册水产篇	978-7-5060-9054-4	38元
服务的细节042：生鲜超市工作手册日配篇	978-7-5060-9052-0	38元
服务的细节043：生鲜超市工作手册之副食调料篇	978-7-5060-9056-8	48元
服务的细节044：生鲜超市工作手册之POP篇	978-7-5060-9055-1	38元
服务的细节045：日本新干线7分钟清扫奇迹	978-7-5060-9149-7	39.8元
服务的细节046：像顾客一样思考	978-7-5060-9223-4	38元
服务的细节047：好服务是设计出来的	978-7-5060-9222-7	38元
服务的细节048：让头回客成为回头客	978-7-5060-9221-0	38元
服务的细节049：餐饮连锁这样做	978-7-5060-9224-1	39元
服务的细节050：养老院长的12堂管理辅导课	978-7-5060-9241-8	39.8元
服务的细节051：大数据时代的医疗革命	978-7-5060-9242-5	38元
服务的细节052：如何战胜竞争店	978-7-5060-9243-2	38元
服务的细节053：这样打造一流卖场	978-7-5060-9336-1	38元
服务的细节054：店长促销烦恼急救箱	978-7-5060-9335-4	38元

书　名	ISBN	定　价
服务的细节 055：餐饮店爆品打造与集客法则	978-7-5060-9512-9	58 元
服务的细节 056：赚钱美发店的经营学问	978-7-5060-9506-8	52 元
服务的细节 057：新零售全渠道战略	978-7-5060-9527-3	48 元
服务的细节 058：良医有道：成为好医生的 100 个指路牌	978-7-5060-9565-5	58 元
服务的细节 059：口腔诊所经营 88 法则	978-7-5060-9837-3	45 元
服务的细节 060：来自 2 万名店长的餐饮投诉应对术	978-7-5060-9455-9	48 元
服务的细节 061：超市经营数据分析、管理指南	978-7-5060-9990-5	60 元
服务的细节 062：超市管理者现场工作指南	978-7-5207-0002-3	60 元
服务的细节 063：超市投诉现场应对指南	978-7-5060-9991-2	60 元
服务的细节 064：超市现场陈列与展示指南	978-7-5207-0474-8	60 元
服务的细节 065：向日本超市店长学习合法经营之道	978-7-5207-0596-7	78 元
服务的细节 066：让食品网店销售额增加 10 倍的技巧	978-7-5207-0283-6	68 元
服务的细节 067：让顾客不请自来！卖场打造 84 法则	978-7-5207-0279-9	68 元
服务的细节 068：有趣就畅销！商品陈列 99 法则	978-7-5207-0293-5	68 元
服务的细节 069：成为区域旺店第一步——竞争店调查	978-7-5207-0278-2	68 元
服务的细节 070：餐饮店如何打造获利菜单	978-7-5207-0284-3	68 元
服务的细节 071：日本家具家居零售巨头 NITORI 的成功五原则	978-7-5207-0294-2	58 元
服务的细节 072：咖啡店卖的并不是咖啡	978-7-5207-0475-5	68 元
服务的细节 073：革新餐饮业态：胡椒厨房创始人的突破之道	978-7-5060-8898-5	58 元
服务的细节 074：餐饮店简单改换门面，就能增加新顾客	978-7-5207-0492-2	68 元
服务的细节 075：让 POP 会讲故事，商品就能卖得好	978-7-5060-8980-7	68 元

书　名	ISBN	定 价
服务的细节076：经营自有品牌	978-7-5207-0591-2	78元
服务的细节077：卖场数据化经营	978-7-5207-0593-6	58元
服务的细节078：超市店长工作术	978-7-5207-0592-9	58元
服务的细节079：习惯购买的力量	978-7-5207-0684-1	68元
服务的细节080：7-ELEVEn的订货力	978-7-5207-0683-4	58元
服务的细节081：与零售巨头亚马逊共生	978-7-5207-0682-7	58元
服务的细节082：下一代零售连锁的7个经营思路	978-7-5207-0681-0	68元
服务的细节083：唤起感动	978-7-5207-0680-3	58元
服务的细节084：7-ELEVEn物流秘籍	978-7-5207-0894-4	68元
服务的细节085：价格坚挺，精品超市的经营秘诀	978-7-5207-0895-1	58元
服务的细节086：超市转型：做顾客的饮食生活规划师	978-7-5207-0896-8	68元
服务的细节087：连锁店商品开发	978-7-5207-1062-6	68元
服务的细节088：顾客爱吃才畅销	978-7-5207-1057-2	58元
服务的细节089：便利店差异化经营——罗森	978-7-5207-1163-0	68元
服务的细节090：餐饮营销1：创造回头客的35个开关	978-7-5207-1259-0	68元
服务的细节091：餐饮营销2：让顾客口口相传的35个开关	978-7-5207-1260-6	68元
服务的细节092：餐饮营销3：让顾客感动的小餐饮店"纪念日营销"	978-7-5207-1261-3	68元
服务的细节093：餐饮营销4：打造顾客支持型餐饮店7步骤	978-7-5207-1262-0	68元
服务的细节094：餐饮营销5：让餐饮店坐满女顾客的色彩营销	978-7-5207-1263-7	68元
服务的细节095：餐饮创业实战1：来，开家小小餐饮店	978-7-5207-0127-3	68元
服务的细节096：餐饮创业实战2：小投资、低风险开店开业教科书	978-7-5207-0164-8	88元

书　　名	ISBN	定　价
服务的细节097：餐饮创业实战3：人气旺店是这样做成的！	978-7-5207-0126-6	68元
服务的细节098：餐饮创业实战4：三个菜品就能打造一家旺店	978-7-5207-0165-5	68元
服务的细节099：餐饮创业实战5：做好"外卖"更赚钱	978-7-5207-0166-2	68元
服务的细节100：餐饮创业实战6：喜气的店客常来，快乐的人福必至	978-7-5207-0167-9	68元
服务的细节101：丽思卡尔顿酒店的不传之秘：超越服务的瞬间	978-7-5207-1543-0	58元
服务的细节102：丽思卡尔顿酒店的不传之秘：纽带诞生的瞬间	978-7-5207-1545-4	58元
服务的细节103：丽思卡尔顿酒店的不传之秘：抓住人心的服务实践手册	978-7-5207-1546-1	58元
服务的细节104：廉价王：我的"唐吉诃德"人生	978-7-5207-1704-5	68元
服务的细节105：7-ELEVEn一号店：生意兴隆的秘密	978-7-5207-1705-2	58元
服务的细节106：餐饮连锁如何快速扩张	978-7-5207-1870-7	58元
服务的细节107：不倒闭的餐饮店	978-7-5207-1868-4	58元
服务的细节108：不可战胜的夫妻店	978-7-5207-1869-1	68元
服务的细节109：餐饮旺店就是这样"设计"出来的	978-7-5207-2126-4	68元
服务的细节110：优秀餐饮店长的11堂必修课	978-7-5207-2369-5	58元
服务的细节111：超市新常识1：有效的营销创新	978-7-5207-1841-7	58元
服务的细节112：超市的蓝海战略：创造良性赢利模式	978-7-5207-1842-4	58元
服务的细节113：超市未来生存之道：为顾客提供新价值	978-7-5207-1843-1	58元
服务的细节114：超市新常识2：激发顾客共鸣	978-7-5207-1844-8	58元
服务的细节115：如何规划超市未来	978-7-5207-1840-0	68元

书　名	ISBN	定　价
服务的细节116：会聊天就是生产力：丽思卡尔顿的"说话课"	978-7-5207-2690-0	58元
服务的细节117：有信赖才有价值：丽思卡尔顿的"信赖课"	978-7-5207-2691-7	58元

图字：01-2021-3081 号

RITZ-CARLTON：ISSHUN DE KOKORO GA KAYOU "KOTOBAGAKE" NO SHUKAN
by Noboru Takano
Copyright © Noboru Takano 2011
All rights reserved.
Original Japanese edition published by Nippon Jitsugyo Publishing Co., Ltd., Tokyo.
This Simplified Chinese edition published by arrangement with
Nippon Jitsugyo Publishing Co., Ltd., Tokyo in care of Tuttle-Mori Agency, Inc., Tokyo
through Hanhe International (HK) Co., Ltd.

图书在版编目（CIP）数据

会聊天就是生产力：丽思卡尔顿的"说话课"/（日）高野登 著；马霞 译. —北京：东方出版社，2022.3
（服务的细节；116）
ISBN 978-7-5207-2690-0

Ⅰ.①会… Ⅱ.①高… ②马… Ⅲ.①口才学 Ⅳ.①H019

中国版本图书馆 CIP 数据核字（2022）第 036591 号

服务的细节 116：会聊天就是生产力：丽思卡尔顿的"说话课"
(FUWU DE XIJIE 116：HUI LIAOTIAN JIUSHI SHENGCHANLI：LISIKA'ERDUN DE "SHUOHUA KE")

作　　者：	[日]高野登
译　　者：	马　霞
责任编辑：	崔雁行　高琛倩
出　　版：	东方出版社
发　　行：	人民东方出版传媒有限公司
地　　址：	北京市西城区北三环中路6号
邮　　编：	100120
印　　刷：	北京文昌阁彩色印刷有限责任公司
版　　次：	2022年3月第1版
印　　次：	2022年3月第1次印刷
开　　本：	880毫米×1230毫米　1/32
印　　张：	7.25
字　　数：	125千字
书　　号：	ISBN 978-7-5207-2690-0
定　　价：	58.00元

发行电话：（010）85924663　85924644　85924641

版权所有，违者必究
如有印装质量问题，我社负责调换，请拨打电话：（010）85924602　85924603